Enid Blyton

Fünf Freunde
essen glutenfrei

Enid Blyton

Fünf Freunde essen glutenfrei

Text von
Bruno Vincent

Enid Blyton für Erwachsene

Bibliografische Information der Deutschen Nationalbibliothek
Die Deutsche Nationalbibliothek verzeichnet diese Publikation in der Deutschen Nationalbibliografie. Detaillierte bibliografische Daten sind im Internet über http://dnb.d-nb.de abrufbar.

Für Fragen und Anregungen:
info@rivaverlag.de

1. Auflage 2018
© 2018 by riva Verlag, ein Imprint der Münchner Verlagsgruppe GmbH
Nymphenburger Straße 86
D-80636 München
Tel.: 089 651285-0
Fax: 089 652096

Die englische Originalausgabe erschien 2016 bei Hodder & Stoughton Limited unter dem Titel *Five Go Gluten Free*. © 2016 by Hodder & Stoughton Limited. All rights reserved.
Enid Blyton ® The Famous Five ® Text copyright 2016 © Hodder & Stoughton Limited
Illustrationen © Copyright 2016 Hodder & Stoughton Limited
Enid Blyton, Enid Blyton's Unterschrift und Fünf Freunde sind eingetragene Warenzeichen von Hodder & Stoughton Limited
Text der englischen Originalausgabe von Bruno Vincent
Illustrationen der englischen Originalausgabe von Eileen A. Soper

Übersetzung: Katja Theiß
Redaktion: Annett Stütze
Umschlaggestaltung: Laura Osswald, in Anlehnung an das Originalcover
Umschlagabbildung: Ruth Palmer
Satz: Carsten Klein, Torgau
Druck: GGP Media GmbH, Pößneck
Printed in Germany

ISBN Print 978-3-7423-0642-5
ISBN E-Book (PDF) 978-3-7453-0192-2
ISBN E-Book (EPUB, Mobi) 978-3-7453-0193-9

Weitere Informationen zum Verlag finden Sie unter

www.rivaverlag.de

Beachten Sie auch unsere weiteren Verlage unter www.m-vg.de

Inhalt

KAPITEL 1

Ein herrliches Geburtstagspicknick

Es war ein wunderschöner Frühsommertag, und Julian, George und Dick hatten zum Nachfeiern von Annes Geburtstag ein Picknick im Park geplant. Timmy tollte in ihrer Nähe herum und versuchte laut bellend Schmetterlinge zu fangen. Er amüsierte sich riesig.

»Ihr seid alle *so* wunderbar«, sagte Anne gerade. Sie saß umgeben von Geschenkpapier auf der Picknickdecke und drückte das ausgepackte Kochbuch fest an sich. »Dick, du bist der *allerbeste*«, rief sie entzückt.

»Ach was, keine Ursache, liebste Anne«, erwiderte Dick strahlend. »Du weißt doch: Eigentlich ist kein Geschenk gut genug für dich!«

George wunderte sich im Stillen darüber, dass Dick dieser überaus süßen Zuneigungsbekundungen immer noch nicht müde wurde. Da es aber noch genügend Cremetörtchen gab, behielt sie ihre Gedanken fröhlich für sich.

»Natürlich ist kein Geschenk gut genug für dich.« Julian lächelte selbstzufrieden und fügte dann triumphierend hinzu: »Bis auf dieses hier!«

Er überreichte ihr einen Umschlag, den Anne ohne zu zögern aufriss. Sie las die Karte, die ihr entgegenfiel.

»Jules!!!«, quiekste sie. »Da fällt mir wirklich nichts mehr ein! Ein Wochenende im Wellness-Hotel! Für mich und einen Gast meiner Wahl!«

»Du solltest unbedingt eine deiner Freundinnen mitnehmen«, sagte Julian.

»Vielleicht hätte George ja Lust?«, schlug Dick vor und beobachtete George dabei aufmerksam.

»Hm«, grunzte George. »Wenn sie dort auch Bier ausschenken, könnte ich an der Bar sitzen und Rugby gucken.«

Anne lachte, legte die Karte hin und umarmte Julian herzlich. »Mir würde es natürlich nie in den Sinn kommen, George mit solch einem Vorschlag zu beleidigen«, sagte sie und strich ihr Kleid glatt, während sie sich aufsetzte. »Ich nehme lieber meine Bekannte vom Bikram-Yoga mit.«

»Und zu guter Letzt ...«, machte George sich bemerkbar und überreichte ihr eine Schachtel mit einer großen Schleife.

Als Anne daraufhin noch höher als zuvor quietschte, zuckten die anderen drei zusammen. Zwanzig Meter von ihnen entfernt drehte Timmy sich zu ihnen um. Anne machte sich über das Geschenkpapier her wie ein hungriger Löwe über eine wohlgenährte Antilope. Dann setzte sie sich wieder auf und starrte etwas verloren auf die Schachtel. Sie wusste nicht so recht, was sie vom Inhalt halten sollte.

Julian hatte dagegen keinerlei Hemmungen und fragte ganz trocken: »Warum schenkst du ihr eine Mangel?«

Anne, die keinerlei Streit ertrug (und schon gar nicht an ihrer Geburtstagsfeier!), wollte schon protestieren, dass eine Mangel ein *sehr gut* durchdachtes Geschenk wäre. Doch bevor sie überhaupt den Mund aufmachen konnte, warf Dick ein:

»Das ist doch keine Mangel, Julian«, strahlte er. »Das ist eine Nudelmaschine!«

»Oh, *George*«, fiepte Anne.

»Mann, oh Mann, jetzt lest schon, was auf der Packung steht!«, warf George ungeduldig ein. »Es ist nichts davon. Man erkennt doch eindeutig, dass das ein Spiralschneider ist.«

»Ein Spiralschneider!« Anne entfuhr ein spitzer Freudenschrei.

Ein leises Raunen ging durch die kleine Gruppe auf der Picknick-decke, als sie endlich begriffen. Dem folgte ein kurzes Schweigen.

»Was ist ein Spiralschneider?«, fragte Anne. »Liebe George«, hängte sie schnell noch an.

»Lies die Beschreibung«, betonte George noch einmal.

Anne tat wie ihr geheißen, und ihre Begeisterung wuchs. Dann erinnerte sie sich an ihre guten Manieren, und sie umarmte George rasch herzlich. Die nächste Stunde verbrachte sie nicht nur damit, die Gebrauchsanleitung zu lesen, sondern auch das Kochbuch von Dick. Immer wenn sie auf exotisch klingende Zutaten wie Chia-Samen oder Goji-Beeren stieß, gurrte sie vor sich hin und versuchte, die anderen für ihre Lektüre zu begeistern.

Bald war es an der Zeit, alles einzupacken und nach Hause zu gehen. Aber selbstverständlich nicht, bevor Anne allen noch einen dicken Kuss als Dankeschön »für das schönste Geburtstagspick-nick aller Zeiten« verpasst hatte.

KAPITEL 2

Ein guter Vorsatz

Anne freute sich so sehr über ihre Geschenke, dass sie das Kochbuch noch auf dem Weg nach Hause weiterlas, und auch den Spiralschneider setzte sie sofort für die Zubereitung des Abendessens ein.

Eigentlich war Anne ja fürs Kochen für die ganze Gruppe zuständig. Doch anlässlich ihrer Geburtstagsfeier hatten ihre Brüder und ihre Cousine darauf bestanden, das Picknick vorzubereiten. George hatte ein Bananenbrot gebacken, Dick Kekse und Julian hatte sich an einer Obsttorte versucht. Da sie so wenig Übung in der Küche hatten, war das Ergebnis ein signifikanter Qualitätsverlust gegenüber den Picknicks, die sie sonst veranstalteten. Das meiste hatten sie nur probiert, aber nicht gegessen – und jetzt hatten sie allesamt einen Mordshunger. Und da Annes Geburtstag eigentlich auch schon vor zwei Tagen, am Donnerstag, gewesen war, hatte niemand ein schlechtes Gewissen, dass Anne das Abendessen übernahm.

Doch als sie sich dann am Tisch einfanden, waren sie etwas überrascht, was sich auf ihren Tellern präsentierte: eine sehr blasse, weiche, spaghettiartige Substanz. Sie trauten sich nicht sofort, etwas zu sagen, sondern warteten erst einmal ab. Anne schaufelte ihnen geröstetes Gemüse auf den Teller und schenkte jedem eine merkwürdig trübe Flüssigkeit ins Glas. Dann setzte sie sich an ihren Platz.

»Sieht interessant aus«, murmelte Dick leise.

»Sieht ... *sehr* interessant aus, das muss ich schon sagen!«, meinte Julian.

»Was zum Teufel ist das?«, fragte George beunruhigt.

Auch wenn Georges Nachfrage vielleicht etwas undankbar klingen könnte, war sie in gewisser Weise doch berechtigt. Seit sie sich zusammen eine Wohnung genommen hatten, gab es einen unverrückbaren Wochenplan fürs Abendessen: Montags und donnerstags waren Spaghetti Bolognese dran, dienstags Shepherd's Pie, mittwochs Ofenkartoffeln und freitags gab es Fischpastete. Da Anne die Mahlzeiten zubereitete, hatte sie auch den Plan erstellt. Und normalerweise hielt sie sich strikt an die Abfolge der Gerichte, weshalb sich nicht nur George über ihren Teller mit blassen Nudeln wunderte.

»Das Getränk heißt *Zauberwasser*«, erklärte Anne.

»*Zauber*wasser?«, fragte Julian trocken nach und scherzte weiter: »Sag mir nicht, dass du unsere einzige Kuh *dafür* eingetauscht hast?«

»Sehr witzig, Julian«, gab Anne zurück. »Das hier ist ein revitalisierender Gesundheitsdrink – mit Ingwer, Kräutern und Fruchtsäften. Und wir essen ›Zoodles‹!« Gerade als Dick etwas erwidern wollte, fügte sie rasch hinzu: »Das sind Nudeln, die aus Zucchini gemacht sind. Und die schmecken genauso gut – versprochen! Ihr merkt garantiert keinen Unterschied!«

*»Das sind Zoodles. Das sind Nudeln, die aus Zucchini gemacht
wurden. Schmeckt genauso – ihr werdet keinen Unterschied
bemerken!«*

»Also haben wir jetzt auch eine Vorspeise?«, fragte George zögernd. »Du haust aber ganz schön auf den Putz, Anne.«

Anne räusperte sich und lächelte sie dann alle der Reihe nach an. »Nein, das ist alles, was es heute gibt.«

Die drei Freunde schauten erst einander und schließlich Anne an. »Anne?« Julian klang besorgt. »Was ist los? Geht es dir gut?«

»Das ist alles aus dem Buch, das ich von Dick bekommen habe. Es hat mir die Augen geöffnet. Unser modernes Leben und unsere Art zu essen sind nicht gut für uns. Moderne Lebensmittel machen uns krank, auf so viele verschiedene Arten. Es ist schockierend – wirklich schockierend – und ich würde es nicht mehr ertragen, Essen für uns zu kochen, das uns schadet.«

Sie machte eine Pause und ließ das Gesagte wirken. Dagegen war natürlich schwer anzukommen.

In Annes Augen leuchtete das Licht der kürzlich Bekehrten. Sie war sich ihrer neuen Überzeugung sicher und würde sich auf keinen Fall umstimmen lassen. Während die anderen in ihrem Essen herumstocherten, hielt sie einen kleinen Vortrag über Wellness, Naturheilkunde, makrobiotische Ernährung, Superfoods, Achtsamkeit, Gleichgewicht im Alltag, die Beseitigung von negativen Emotionen und die Entwicklung innerer Ehrlichkeit. Sie war richtig begeistert und hoffte die anderen damit anzustecken. Im Moment sah sie jedoch nur Zweifel in den Augen ihrer Freunde, und – noch viel schlimmer – diese schienen sich langsam, aber unaufhaltsam in Verwirrung und Angst zu wandeln.

»Also auf was genau läuft das alles hinaus, altes Haus?«, fragte Julian schließlich. Seine Stimme zitterte von der Anstrengung, fröhlich zu klingen. »Es hört sich toll an und alles – ich meine, wir stimmen dir natürlich alle zu –, aber was genau werden wir … machen müssen?«

Und so erklärte Anne es ihnen. Von jetzt an würden sie nur noch Vollwertkost essen. Keine Nahrungsmittel mehr, die voller Konservierungsstoffe und Geschmacksverstärker steckten. Alles Bio. Auch für Timmy – es gab keine Ausnahmen. Anne war bereits zu einer der teureren Tierhandlungen gefahren und hatte (zu einem Preis, der einem die Tränen in die Augen trieb) Bio-Trockenfutter gekauft. Dieses Futter würde sein herkömmliches, industriell hergestelltes ersetzen. Also jenes Futter, das in den letzten fünfzehn Jahren seine Hauptnahrung gewesen war.

»Das alles gehört zum Prozess des sogenannten ›Clean Eating‹«, erklärte Anne. »Heute sind wir vielleicht noch nicht krank, aber wir werden es, wenn wir weiterhin die Nahrungsmittel zu uns nehmen wie bisher. Das Fleisch, das wir essen, kommt von Tieren, die unter absolut fürchterlichen Bedingungen gehalten werden. Sie werden mit Steroiden und allen möglichen anderen scheußlichen Sachen vollgepumpt. In allen industriell hergestellten Nahrungsmitteln befinden sich Zusätze, genetische Modifikationen – und die Herstellung ist unsauber. Die Konsequenzen sind überhaupt gar nicht abzuschätzen.«

»Wir können die Konsequenzen überhaupt nicht abschätzen«, murmelte Julian leise.

»In einem Monat sind wir ›clean‹ und so schlank, dass wir das Titelblatt der *Vogue* zieren könnten. Ganz sicher.«

»Das hört sich großartig an, und ich stehe voll hinter dir. Aber ich überlege auch«, meldete sich George zu Wort, »ob wir nicht zusätzlich Rat von einem Experten einholen sollten. Nur um die Infos zu bestätigen – wie weit hast du gelesen, die ersten dreißig Seiten? –, die du aus dem Kochbuch hast.«

»Das ist kein Kochbuch, sondern eine *Lifestyle-Bibel*. Und daran hab ich auch schon gedacht, weshalb ich bereits einen Termin mit einem Ernährungswissenschaftler vereinbart habe. Morgen gehen wir hin. Dann werdet ihr aus fachkompetenter Quelle hören, dass ich recht habe. Bald werden wir alle gesünder und glücklicher sein!«

»Gut gemacht, Anne!«, lobte Dick.

»Wuff!«, bellte Timmy und wedelte mit dem Schwanz.

KAPITEL 3

Ein Ernährungswissenschaftler voller Überraschungen

Am nächsten Morgen betrachtete sich Anne eingehend im Badezimmerspiegel. Sie war sich nicht wirklich sicher, ob der Effekt der neuen Diät bereits zu erkennen war – und auch auf der Waage zeigte sich keine Veränderung. Das war natürlich ein bisschen enttäuschend: Obwohl die Ernährungsumstellung bisher nur aus einer Mahlzeit bestanden hatte, hatte sie sich doch ein Ergebnis erträumt. Aber immerhin fühlte sie sich bereits wie eine Heilige.

Nach dem Mittagessen – Lachs mit Quinoa-Bratlingen – machten sich alle vier mit Timmy im Schlepptau auf den Weg. Sie gingen die Hauptstraße hinunter, wo sich vor nicht allzu langer Zeit ein freischaffender Gesundheitstherapeut und Ernährungswissenschaftler niedergelassen hatte.

»Na ja, wenn er tatsächlich frei ist, dann ist es ja praktisch gratis und umsonst!«, witzelte Julian schwach. Keiner der anderen sprang auf seinen müden Scherz an, und so kicherte er leise, um sie zu einer Reaktion zu ermutigen. Aber sie hörten ihm nicht zu.

Die Aufschrift auf dem Schaufenster lautete *Wellness-Weisheit*. Darunter stand in kleinerer Schrift: *Spezialisten für Körperbewusstsein, spirituelle Heilmachung und natürliche, ganzheitliche*

Ansätze. Während George Timmy vor der Praxis festband, diskutierten die anderen bereits über die Angaben.

Auch auf der Waage zeigte sich keine Veränderung. Obwohl die Ernährungsumstellung bisher nur aus einer Mahlzeit bestanden hatte, hätte Anne doch gern erste Resultate gesehen.

Als sie eintraten, fanden sie sich in einem Raum wieder, der eine Mischung aus dem Warteraum einer Arztpraxis und dem eines Schönheitssalons war. Wirklich alles – die Wände, die Produkte, ja selbst der Kittel der Assistentin – war in einem beruhigenden cremefarbenen Ton gehalten. An den Wänden hingen Poster mit wunderschönen nackten, lächelnden Frauen, die komplett geschminkt eine Reihe von Anwendungen erhielten. Dick wurde hellhörig und Julian misstrauisch: Auf dem gesamten Informationsmaterial der Praxis war kein einziger Mann abgebildet.

Sie bekamen einen Brennnesseltee angeboten. Während alle den Tee beäugten, erklärte Anne der Assistentin, dass sie einen Termin vereinbart hatte. Daraufhin wurden sie den Flur entlang in den großzügigen Behandlungsraum geleitet. Neugierig traten sie ein. Sie erblickten ein Sofa, gerahmte Zertifikate an den Wänden, Poster, die die verschiedenen Behandlungsweisen anpriesen, ein Bücherregal mit den farbenfrohen Buchrücken von Gesundheitsbüchern und hinter dem Schreibtisch – ihren Cousin Rupert!

Die Freunde waren verblüfft und gaben verschiedene Laute vor Erstaunen und Entzücken von sich. Wäre Timmy dabei gewesen, hätte er ganz sicher zustimmend gebellt.

»RUPERT!«, rief George. »Was zum Teufel machst *du* denn hier?«

Cousin Rupert für seinen Teil ließ sich nicht aus der Ruhe bringen. Er war ein großer, gut aussehender Mann um die vierzig: Makellos gekleidet, sah er ganz so aus, als wäre er gerade einem Hochglanzmagazin entstiegen. Geräuschlos kippte er seinem Bürosessel leicht zurück und verschränkte entspannt die Hände hinter seinem Kopf.

»Meine herzallerliebsten Cousinen und Cousins«, grüßte er gedehnt. »Ich helfe hier Menschen. Ich heile die Leiden der Massen, eins nach dem anderen.«

Julians zunächst freudige Überraschung legte sich schnell, als ihm wieder einfiel, wann er das letzte Mal von Cousin Rupert gehört hatte. »Aber ich dachte, du wärst im ...« Er vergewisserte sich mit einem Blick über die Schulter, dass die Assistentin den Raum verlassen hatte, und senkte die Stimme: »Na ja, im Gefängnis. In ... war es nicht Ecuador?«

»Ach was, nein, nein!« Rupert wedelte abwehrend mit seiner Hand. »Ich meine, ich *war* da, aber das ist längst vergessen. Ein einfaches Missverständnis. Bitte, nehmt doch Platz. Macht es euch bequem.«

Zögernd setzten sie sich hin. »Es hieß, du wärest ... hättest ... ich meine ... das waren ganz schön heftige Anschuldigungen.«

»Ich war im Import-Export-Geschäft zugange. Als einfacher Geschäftsmann. Wie dann dieser Krempel an Bord eines meiner Schiffe gekommen ist, ist mir nach wie vor ein Rätsel ...« Rupert erkannte, dass er kämpften musste, um sie auf seine Seite zu ziehen, und sein Gesichtsausdruck wechselte von tiefster Unschuld zu unsäglichem Kummer. »Vor allem hat es mir nichts als Ärger und Leid eingebracht. Aber ich habe meinen Frieden damit geschlossen – ich habe denen vergeben, die mich in diese missliche Lage gebracht haben.«

Die Freunde ließen das Gesagte so im Raum stehen, denn sie wussten nicht, was sie darauf hätten erwidern sollen.

Anne konnte betretenes Schweigen nur schwer ertragen. Und in diesem Fall fühlte sie sich auch noch für das Aufeinandertreffen verantwortlich, weshalb sie einfach das Thema wechselte. »Ich wusste ja gar nicht, dass du ... na ja ... ein Experte ... auf diesem Gebiet bist.«

Nach dem Mittagessen – Lachs mit Quinoa-Bratlingen –
schlenderten sie alle vier die Hauptstraße hinunter, wo sich seit
nicht allzu langer Zeit ein freischaffender Gesundheitstherapeut
niedergelassen hatte.

»Doch, doch – schon mein ganzes Leben lang«, betonte Rupert. »Trotz meiner anderen beruflichen Ausrichtung hat mein Interesse schon immer der Medizin und dem Wohlergehen anderer gegolten. Ich halte mich immer über die neuesten Trends und Behandlungsweisen auf dem Laufenden. Und während meiner unglücklichen Inhaftierung in Südamerika hatte ich ausreichend Zeit für meine Bücher. Nachdem ich dort so viel gelesen hatte, musste ich einfach eine Praxis eröffnen, um mein Wissen weiterzugeben. Und deshalb bin ich hier gelandet. Aber genug von mir. Erzählt mir ruhig, was *euch* fehlt ...«

Und das erzählte Anne gern. Sie erklärte, wie sie begriffen hatte, wie giftig die westliche Ernährungsweise für alle sei; wie erschrocken sie darüber war, dass sie mit ihrer eigenen Lebensweise ihre Gesundheit ruinieren und sich selbst krank machen würden. Rupert mit all seiner Weisheit nickte währenddessen zustimmend.

»Gerade hast du Gluten erwähnt«, sagte er am Ende.

»Ja, richtig, ich mache mir Sorgen, dass es ...«

»GIFT«, sagte Rupert. Er lehnte sich zurück und schmetterte lauthals Richtung Zimmerdecke: »*WIR VERGIFTEN UNS*, Anne! Ich denke, wie viele Patienten hast du den Weg zu der Wurzel deines Problems bereits gefunden. Gluten muss dringend aus deiner Ernährung gestrichen werden. *Sofort*!«

Anne strahlte übers ganze Gesicht. Rupert hatte soeben ihre eigenen Vermutungen auf ganzer Linie bestätigt.

»Ihr müsst unbedingt sofort mit der Ernährungsumstellung loslegen«, sagte Rupert. »Kein Gluten. Keine Milchprodukte. KEINEN

Zucker. Für euer Wohlbefinden – körperlich, geistig und spirituell – ist es elementar wichtig, dass ihr diese Nahrungsmittel ab sofort meidet. Und, darf ich mal raten? Das Buch, das du gerade liest, heißt *Portia, einfach perfekt*, habe ich recht?«

Anne quiekte vor Freude: »Woher weißt du das?«

»Ach, ganz einfach: Ich habe mein Leben danach ausgerichtet«, antwortete er. »Außerdem ist Portia eine gute Freundin von mir. Silvio Berlusconi hat uns auf einer Party vorgestellt. Wunderbare Nacht, wunderbare Frau. Eine wahre Inspiration und noch dazu eine ausgezeichnete Turnerin.« Er holte kurz Luft. »Also – wir haben vorne ein paar Merkblätter, die euch verraten, welche Nahrungsmittel ihr vermeiden müsst und wie ihr das am besten hinkriegt. Und wir sehen uns spätestens in vierzehn Tagen wieder, um zu schauen, wie es euch dann geht.«

Anne sprudelte vor Dankbarkeit fast über, aber Rupert schien das nicht weiter zu interessieren. »Es war schön, euch mal wieder zu sehen«, lächelte er kurz. »Maureen gibt euch die Broschüren an der Rezeption.«

»Weißt du was?«, setzte Julian, als er sich erhob, mit untypischer Schüchternheit in der Stimme an: »Da du ja ganz in der Nähe wohnst, musst du unbedingt mal zum Abendessen bei uns vorbeikommen …«

»Ich bin furchtbar beschäftigt«, erwiderte Rupert schnell und lächelte entschieden. Dann drehte er sich zu seinem Computer um und klapperte auf der Tastatur los.

Wie vor den Kopf gestoßen von der abrupten Absage, wandten sich alle zur Tür. Nur George zögerte.

»Was meinst du eigentlich mit *Heilmachung*?«, fragte sie dann.

»In dem Slogan für deine Praxis.« Der Ausdruck hatte sie schon die ganze Zeit irritiert.

»Moderner Ausdruck für Heilung. Die Tätigkeit des Heilens«, antwortete Rupert ungerührt, ohne vom Bildschirm aufzublicken.

»Ich denke nicht, dass das so stimmt«, wandte George ein.

Rupert runzelte die Stirn, tippte ein paar Worte und drückte dann die Enter-Taste. Er las das Geschriebene noch mal durch und ließ dann seinen Blick ins Leere wandern. »Es bedeutet«, erklärte er schließlich, »dass wir in der Medizin einen vielschichtigen Ansatz verfolgen, wir bedienen uns bei vielen Kulturen und Fachgebieten. Und durch unser Fachwissen auf diesen Gebieten können wir tatsächlich das Beste für unsere Patienten herausfiltern. Dadurch erreichen wir einen echten *ganzheitlichen* Ansatz.«

Die Freunde nickten nachdenklich und verließen den Raum.

Zurück an der Rezeption, händigte ihnen die irgendwie entnervt wirkende Maureen die versprochenen Broschüren aus – zusammen mit einer Rechnung.

»Vier*hundert* Pfund?«, fragte Julian ungläubig. Er hatte den Umschlag geöffnet, bevor Anne ihn in die Hände bekommen konnte.

»Für das Beratungsgespräch«, erklärte Maureen.

»Aber wir waren doch nur zehn Minuten da drin. Ich gehe noch mal rein und rede mit ihm – das ist eine Unverschämtheit –, ich bin sein Cousin!«, sagte Julian.

»Sie haben bereits den Freundschaftspreis«, säuselte Maureen, ohne mit der Wimper zu zucken. »Normalerweise berechnen wir für eine Gruppenkonsultation sechshundert Pfund.«

Anne fielen fast die Augen aus dem Kopf, und George fluchte leise vor sich hin, als Julian mit versteinertem Gesichtsausdruck seine Kreditkarte über den Tresen reichte.

»Ich nehme an, da kommt noch Mehrwertsteuer drauf«, setzte er verbittert hinzu.

Draußen vor der Praxis bedankten sich alle kleinlaut bei Julian für die Begleichung der Rechnung und versprachen, dass sie ihm ihren Anteil zurückzahlen würden. Er nickte nur steif und hielt seinen Blick in die Ferne gerichtet.

»Und trotzdem«, strahlte Anne »ist es ein *Abenteuer*, oder nicht? So wie früher! Und wir stürzen uns gemeinsam hinein! Oder etwa nicht?«

»Irgendwie schon«, sagte George, die versuchte, Timmys Leine loszubinden, während er dabei aufgeregt ihr Gesicht ableckte.

»*Natürlich* machen wir das«, grinste Dick fröhlich. »Es ist echt eine neue Art von Abenteuer, und du hast uns da hineingeführt, Anne – danke!«

»Wuff!«, bellte Timmy zustimmend.

Anne strahlte übers ganze Gesicht. Die neue ›cleanere‹, fittere und glücklichere Anne war in greifbarer Nähe … Sie konnte es kaum erwarten!

KAPITEL 4

Das neue Regiment

Als sie an diesem Abend nach Hause kamen, durchforstete Anne den Kühlschrank, das Tiefkühlfach und die Küchenschränke nach, »Nahrungsmitteln der Hölle«, wie sie es nannte. Drei Stunden später stellte sie fest, dass sie eigentlich auch gleich alle vorhandenen Nahrungsmittel wegwerfen könnten. Das Einzige, was ihnen unter dem neuen Regime noch geblieben war, waren ein paar Dosen Thunfisch, ein halbe Packung Rosinen und ein Glas schwarze Oliven in Salzlake, auf der sich oben aber schon Schimmel gebildet hatte.

Auf dem Küchentisch stapelte sich ein riesiger Berg an Nahrungsmitteln, die Anne schließlich in Müllbeutel steckte und nach unten zu den Mülleimern trug. Wieder einmal arbeitete sie ganz allein. George hatte Judotraining. Dick erklärte, er sei inzwischen zu schwach, um sich auf den Beinen zu halten. Schließlich war ihm heute morgen sein Schinken-Sandwich vorenthalten worden! Und Julian meinte, dass das Zusammenrotten von verdächtigen Nahrungsmitteln seiner Meinung nach einen »Orwell'schen« Zug an sich habe und er damit definitiv nichts zu tun haben wolle. Er verpasste wirklich nie eine Gelegenheit, an seinen Abschluss in englischer Literatur an der Uni Oxford zu erinnern.

»In einem Monat sind wir ›clean‹ und so schlank, dass wir das Titelblatt der Vogue *zieren können. Ganz sicher.«*

Anne entschloss sich, das bisher Gelesene anzuwenden und ihr Gleichgewicht zu finden. Sie ging auf ihr Zimmer und schloss leise die Tür hinter sich. Dann zog sie die Vorhänge zu und streifte ihre Schuhe ab. Sie setzte sich im Schneidersitz mitten im Zimmer auf den Boden, legte ihre Arme mit den Handflächen nach oben auf die Knie und schloss die Augen. Sie atmete tief ein und aus.

Ihr Atmen wurde langsamer und ihre Atemzüge tiefer. Als Vorreiterin bei dieser Umstellung ihrer Lebensweise musste sie schließlich mit gutem Beispiel vorangehen.

Sie konzentrierte ihre Sinne auf ihr Inneres und suchte nach innerer Verbindung und Akzeptanz.

Sie atmete ein und aus. Sie lauschte dem Rhythmus ihrer Atemzüge.

Während sie sich entspannte und ihre Gedanken sich so langsam und schwerfällig bewegten wie ein Elefant, der versucht, nicht auf Schneckenhäuser am Boden zu treten, bemühte sie sich, ganz im Moment zu sein. Sie spürte sich selbst und ihr Sein in diesem Zimmer. Langsam erweiterte sie ihr Bewusstsein über den Raum hinaus. Dabei bemerkte sie rhythmisch klopfenden Lärm, der aus der Küche kam.

Sie atmete. Nach und nach identifizierte sie das Geräusch als Dicks Turnschuhe, die sich im Trockner befanden und darin hin- und herkullerten. Ganz erfüllt von friedlicher Objektivität beschloss Anne, sich zu erheben, Dicks Turnschuhe aus der Maschine zu nehmen und ihn dann so richtig anzuschreien.

KAPITEL 5

Vorausplanen

»Hier steht«, erklärte Anne beim Abendessen, »dass wir einen Plan erstellen sollten für ...«

»Was um Himmels willen ist das?«, unterbrach Julian sie und fuhr mit der Gabel durch die undefinierbare und sehr blasse Masse auf seinem Teller.

»Na, Blumenkohl-Reis!«, antwortete Anne.

»Also jetzt im Ernst, ist das Reis? Oder Blumenkohl? Ich bin verwirrt«, sagte Julian und starrte irgendwie fasziniert und neugierig zugleich auf sein Essen. »Zucchini-Spaghetti, Blumenkohl-Reis«, wunderte er sich laut. »Was kommt als Nächstes?«

»Ich fang mal an!«, rief Dick, der gern alles in ein Spiel verwandelte. Konzentriert runzelte er die Stirn. »Gemüse wurde in Kohlenhydrate verwandelt«, murmelte er und ließ den Blick schweifen. »Wie wär's mit, ähm ... Karotten-Kartoffel?«

»Red doch keinen Unsinn, Dick«, sagte George gut gelaunt. »Julian, das ist ein Reisersatz, hergestellt aus klein gehacktem Blumenkohl. Anne, erklär ruhig weiter!«

»Hier steht«, wiederholte Anne geduldig, »dass wir ehrlich sagen müssen, wenn wir das Regiment nicht durchhalten und die Ernährungsumstellung nicht hinkriegen. Und wir müssen vorausplanen, sodass wir die Diät nicht unterbrechen. Ziemlich gute Idee, finde ich. Also«, sagte sie und legte das Buch hin, »was denkt ihr? In welchen Situationen sind wir gefährdet? Und wie können wir sie am besten vermeiden?«

»Diesen Freitag«, fing Julian an, »feiert Archie Geburtstag – der, mit dem wir montags immer Fußball spielen. Das könnte schwierig werden.«

»Müsst ihr denn hingehen?«

»Unbedingt!« Dick nickte heftig. »Die Jungs wären echt enttäuscht, wenn wir fehlen.«

»Okay, dann lassen wir uns etwas einfallen«, sagte Anne. »Trinken die Jungs alle Bier?«

»Lass mich überlegen«, murmelte Julian trocken. »Dick, trinken die Jungs etwa alle Bier?«

Dick hasste nichts mehr als Julians Sarkasmus, wenn er sich gegen ihre Schwester richtete. Da konnten selbst langwierige Kriege oder ein fieser Ausbruch der Pest nicht mithalten. Deshalb beeilte er sich, ihr rasch die Situation in ihrem ganzen Ausmaß zu schildern.

»Die Jungs trinken jede Menge Bier«, sagte er. »Und Rum, Whisky, Wodka und vielleicht Cocktails – und Schnäpse, und – ehrlich gesagt, wäre es einfacher, aufzulisten, was sie nicht trinken!«

»Na, dann könntet ihr ja Cranberry-Saft trinken«, antwortete Anne. »Oder wartet mal! Ich hab da einen ganzen Blog mit Ausgeh-Tipps entdeckt, und da wird vorgeschlagen, nur den Rand des Glases in Gin zu tippen und dann mit Tonic Water aufzufüllen. Anscheinend merkt man dann nicht mal, dass gar kein Alkohol drin ist! Denn ganz ehrlich: Alkohol sollten wir möglichst vermeiden.«

»Was um Himmels willen ist das?«, unterbrach sie Julian.
»Na, Blumenkohl-Reis!«, antwortete Anne.
»Also jetzt im Ernst, ist das Reis? Oder Blumenkohl? Ich bin
verwirrt.«

Dick, der diplomatische unter den Freunden, kaute an seiner Lippe
und suchte angestrengt nach einer Lösung. Auf der einen Seite war
ihm Anne das Liebste auf der Welt. Und auf der anderen Seite
wusste er nur zu gut, wie die Jungs feierten. Das letzte Mal hatte
er das hautnah an seinem eigenen Geburtstag erlebt – und was für
ein krachendes Abenteuer das gewesen war! Er hatte nämlich am
nächsten Morgen seinen Heimweg vom Hauptbahnhof in Doncaster

ohne Geldbörse und ohne Hosen antreten müssen. Ein Abenteuer, das er nicht unbedingt wiederholen musste.

»Definiere ›möglichst‹«, warf Julian dazwischen. »Sehen wir uns dieses ›möglichst‹ doch einmal näher an – was genau beinhaltet das? Wäre zum Beispiel eine Abweichung aus religiösen Gründen akzeptabel? Oder, sagen wir mal, im Fall einer Geiselnahme?« Julian wäre gern Anwalt geworden. Sollte Anne seinen ausgeworfenen Köder schlucken, so hoffte er insgeheim, dass die erlaubten Ausnahmen – aus religiösen Gründen oder bei einer Geiselnahme – sich auch auf Gruppenzwang bei einer Geburtstagsparty ausweiten ließen.

Anne lächelte ihm freudlos zu. Sie wollte vernünftig sein. »Du solltest schon nett mit deinen Freunden trinken können«, sagte sie dann. »Aber vielleicht kannst du einfach nicht so viel trinken. Denn sonst hast du Lust auf fettiges Essen und auf andere ungesunde Getränke, und wir fangen wieder bei null an.«

»Botschaft angekommen!«, versicherte Julian rasch und nickte warnend in Dicks Richtung, damit dieser nicht noch weiter nachfragte, was erlaubt war und was nicht. Nur für den Fall, dass die spezielle Erlaubnis dann strenger ausfallen würde.

»George«, sagte Anne. »Was sind deine Schwachstellen?«

*»Dann mache ich dir wohl am besten jeden Tag einen schönen
Alfalfa-Salat für dein Mittagessen im Büro«, sagte Anne.
George dachte einen Moment nach. »Warum genau machen wir
diese Diät noch mal?«*

»Na ja, ich arbeite mit Technik-Nerds, die den ganzen Tag nur Sandwiches, Croissants und Kuchen essen«, antwortete sie. Anne wollte schon etwas sagen, aber George fuhr fort: »Und Chips, Süßigkeiten, Pizza, Kebab. Törtchen. Eis. Limonaden. Und Schokolade. Es ist ein Wunder, dass alle noch am Leben sind.«

»Mhm«, meinte Anne nachdenklich. »Dann mache ich dir wohl am besten jeden Tag einen schönen Alfalfa-Salat und geb dir Sellerie zum Knabbern mit ins Büro.«

George dachte kurz nach und fragte dann mit gerunzelter Stirn: »Warum genau stellen wir unsere Ernährung noch mal um?«

»Damit wir gesündere, glücklichere, zufriedenere – einfach *bessere* Menschen werden. Das ist ein Abenteuer!«, sagte Anne mit einem strahlenden Lächeln. »Und jetzt bin ich dran. Normalerweise gehe ich mittwochs nach dem Hot-Yoga mit Petronella und Olivia ins Café, und wir leisten uns dort ein Stück Kuchen – das macht mir Sorgen. Aber ich will stark bleiben und hab mir vorgenommen, nur einen Früchtetee zu trinken. Ich bin ja so glücklich darüber, dass wir das hier machen! Ihr nicht auch?«

»Wuff!«, bellte Timmy, mehr aus Gewohnheit als aus Begeisterung. Er senkte seinen Kopf und probierte zögernd einen Haps Trockenfutter aus seiner Schüssel. Er kaute langsam. Tatsächlich stand er der ganzen Sache genauso skeptisch gegenüber wie die anderen.

Die restlichen drei Freunde blickten nur nachdenklich vor sich hin und vermieden es, einander in die Augen zu schauen.

KAPITEL 6

Die erste Woche

Und so brachen die fünf Freunde in ihr neues – bereicherndes – Leben auf. Da das Frühstück die wichtigste Mahlzeit des Tages war, gab sich Anne mit der Zubereitung in den ersten Tagen ganz besonders viel Mühe. Sie erfreuten sich an Frühstück mit Rührei, Räucherlachs, Bio-Bacon, Bio-Würstchen, gegrilltem Halloumi, Heidelbeeren und anderen frischen Früchten. Anne leitete sie außerdem dazu an, ihren morgendlichen Tee oder Kaffee durch eine Tasse heißes Wasser mit Zitrone zu ersetzen.

Sobald sie abends von der Arbeit nach Hause kamen und mit Timmy im Park ihre Runde Gassi gingen, wollte Anne wissen, wie ihr Tag so war, und vor allem, wie es ihnen mit der neuen Ernährungsweise erging.

Zuerst tat sie sich schwer damit. Denn im Gegensatz zu ihrer eigenen überbordenden Begeisterung verhielten sich die anderen eher lethargisch. Ihr gewohntes Maß an Energie schien durch die Ernährungsumstellung drastisch reduziert. George und Julian konnten nicht richtig schlafen, weil sie Hunger hatten. Dick sagte gar nichts, sondern warf Stöckchen für Timmy, um sich wach zu halten – härter und weiter als sonst, da ihn die Stöckchen an die Selleriestangen erinnerten, die er nun anstatt Keksen essen musste. Anne versicherte ihnen, dass sie viel besser schlafen würden, sobald sich ihr Körper erst einmal umgestellt habe. Und in Zukunft würden weitere Vorteile hinzukommen – ihre Verdauung wäre besser, die Haut reiner, weniger Kopfschmerzen …

»Aber, meine Liebe, wir hatten die ganzen Probleme doch gar nicht«, wandte Julian ein.

»Aber Jules, mein Bester! Verstehst du denn nicht? Alles wird so viel besser, dass dir plötzlich aufgehen wird, wie furchtbar ungesund dein früherer Lebensstil im Grunde war.«

»Oh schau«, sagte Anne. »Timmy hat sein Geschäft gemacht. George, hast du eine T... ? Oh Mann!«

Den Hundekot aufzusammeln war für George Routine, und deshalb hielt sie die erforderliche Tüte bereits in der Hand. Während die anderen angeekelt zurückwichen, schaute sie auf das Chaos herunter mit dem Gesichtsausdruck eines alten Detektivs, der über einem Opfer neuer Gräueltaten stand.

»Diese neue Diät hat auf jeden Fall Auswirkungen auf *seine* Verdauung«, bemerkte Anne.

»Also, *das* hier packe ich nicht ein!« George schielte unruhig nach rechts und links.

»Dafür bräuchte man einen Staubsauger. Nichts zu sehen hier, Leute. Lasst uns einfach weitergehen. Wir haben nichts gesehen … Geht es dir gut, Timmy? Muss ich mir Sorgen machen? Denn das hier sieht aus wie kranker Alienschleim.«

»Wuff«, versicherte ihr Timmy und trottete mit eingezogenem Schwanz weiter.

»Diese neue Diät hat auf jeden Fall Auswirkungen auf seine Darmtätigkeit«, sagte Anne.

Mit der Zeit fiel es Anne immer schwerer, ihre positive Ausstrahlung und Lebenseinstellung, die ihr sonst zu eigen war, aufrechtzuerhalten. Im Voraus zu planen verringerte nämlich die Versuchungen des modernen Stadtlebens überhaupt nicht. Man konnte ihnen einfach nicht aus dem Weg gehen und widerstehen.

In ihrem Büro saß Anne ausgerechnet einem Paar gegenüber, das eine Affäre hatte (alle wussten davon, obwohl sie der festen Überzeugung waren, es total geheim zu halten). Jeden Morgen brachte einer von ihnen Blätterteiggebäck mit, das sie um exakt 11 Uhr zu ihrem Kaffee naschten. Für Anne war es am schlimmsten, dass sie von der bevorstehenden Kohlenhydrat-Orgie der beiden Turteltauben wusste. Ihre außerhäusigen Aktivitäten interessierten sie nicht im geringsten, aber sie fand es äußerst unmoralisch und allzu lasziv, wie sie dieses süße Gebäck aßen, genau vor ihrer Nase, jeden Bissen genießend und dabei allzu laut über die Witze des anderen lachend. Jeden Vormittag zur selben Zeit aß Anne daher eine halbe Packung Heidelbeeren und versuchte ihren Blick abzuwenden.

Zum Mittagessen gingen alle aus Annes Büro gemeinsam in die Kantine. Dort konnte man zwischen mehreren Hauptspeisen auswählen. Die Gerichte bestanden trotz der unterschiedlichen Benennung allerdings alle aus mit Mehlschwitze verstärktem Schlabber, der aus identischen Stahlbottichen serviert wurde. Das Essen war sicherlich kein schöner Anblick, doch es war warm, sättigend, billig und bequem. Aus diesem Grund aß die Mehrzahl der Angestellten in der Kantine zu Mittag, langsam und ohne Freude, während sie sich dabei gern über den Mangel an Geschmack beklagten.

Bereits nach dem ersten Tag wusste Anne, dass sie sich nicht länger in die Kantine setzen und dieses Trauerspiel mit ansehen konnte. Also nahm sie ihr Lunch-Paket mit nach draußen und setzte sich im nahegelegenen Park auf eine Bank. Hier wurde sie jedoch schon bald von Mr. Temple aufgestöbert, der für die Gesundheits- und Sicherheitsvorkehrungen der Firma zuständig war. Mr. Temple war ein untersetzter, ernsthafter Mann, der zu jeder Tages- und Nachtzeit eine Brille mit dunkel getönten Gläsern trug. Er zeigte sich erfreut darüber, eine Kollegin anzutreffen, die ebenfalls gern an der frischen Luft war. Jede Mittagspause setzte er sich nun zu Anne und unterhielt sie mit seinen Geschichten über die Manöver der Bodenstreitkräfte im New Forest, an denen er mit seinen zwei kleinen Söhnen teilnahm. Anne antwortete nie und erzählte auch nichts von sich, aber das schien ihm nichts auszumachen. Selbst Anne musste zugeben, dass das nicht ideal war. Viel lieber hätte sie in aller Ruhe ihren historischen Liebesroman von Georgette Heyer gelesen.

Die neue Ernährung war eine echte Herausforderung. Und viel schlimmer war noch, dass sie immer noch keinen Unterschied feststellen konnte, wenn sie ihr Spiegelbild betrachtete. Dabei hatte sie bereits acht bis zehn äußerst karge Mahlzeiten durchgehalten. Auch die Waage zeigte keine neuen Werte, die sich nicht mit allgemeinen Schwankungen erklären ließen. Das war einfach nicht fair.

Am dritten Abend gab es Spaghetti aus gedämpften Süßkartoffeln mit Bio-Pesto aus Basilikum, Oregano, Grünkohl, Brennnesselblättern und Macadamianüssen. Wie immer jagte Timmy um den Tisch und hechelte laut. Er wartete darauf, dass ein paar Reste für ihn abfielen. Normalerweise gab es auch immer irgendetwas, denn die Freunde liebten ihn alle sehr und konnten den Gedanken nicht ertragen, dass er nichts von dem Essen abhaben sollte, das so köstlich duftete. Einer von ihnen schenkte ihm immer ein oder zwei Happen vom Teller.

Wie immer lief Timmy auf der Suche nach Überresten um den Tisch herum. Heute war sein Glückstag. Neben jedem Stuhl fand er eine Handvoll Kürbisspaghetti.

Heute jedoch schien sein Glückstag zu sein. Neben jedem Stuhl, an dem er bettelte, tauchte sofort eine Handvoll Süßkartoffel-Nudeln auf dem Boden auf. Er inspizierte jeden Essenshaufen ausgiebig, schnüffelte enttäuscht, um dann hoffnungsvoll zum nächsten weiterzutapsen. Zu guter Letzt schlich er sich zurück zu seinem Korb und rollte sich dort ein. Die Nase schob er dabei leicht über den Rand, sodass sie über seine Schüssel ragte, in der sich das Bio-Trockenfutter befand, das Anne ihm gegeben hatte. Er hatte es noch nicht angerührt. Der Reihe nach blickten die Freunde neidvoll und hungrig auf seinen Futternapf.

Als er dieses Mal zu seinen heiß geliebten Herrchen aufsah, dachte er an Würstchen. Er bellte nicht.

Nach dem Essen legte sich ein drückendes Schweigen über das Zimmer. Niemand beachtete die geschmackvolle neue John-le-Carré-Verfilmung wirklich, die im Fernsehen lief. Vielmehr beobachteten sie alle Timmy dabei, wie er von Annes Schoß hüpfte und zum Fernseher lief, als gerade eine lange Einstellung einer besonders üppigen Nachspeise gezeigt wurde. Er leckte den Bildschirm ab und klang dabei wie ein Fensterputzer. Er hinterließ eine Spur aus Speichel, so lang wie ein Kinderarm.

Damit war der Bann gebrochen. Julian sagte trocken, dass es zu jener Zeit, in welcher der Fernsehfilm spielte, eine drastische Lebensmittelknappheit im Ostblock gegeben hatte und er sich auf keinen Fall etwas so Unrealistisches ansehen würde. Er stand auf und ging ins Bett. Die anderen folgten ihm in kurzen Abständen. Anne machte den Fernseher schließlich aus und polierte mit einem Taschentuch den Speichelfilm vom Bildschirm. Timmy sah ihr dabei zu und hechelte erwartungsfroh. Insgeheim hoffte er, dass sie die Essensbilder wieder zeigen würden, damit er noch einmal lecken könnte.

KAPITEL 7

Zeit für Veränderungen

Auf eines war die glückliche, fröhliche, positive Anne immer stolz: Sie wusste genau, wie die Stimmungslage innerhalb der Gemeinschaft war. Und daher wusste sie auch, dass es allen ungemein schwerfiel, sich an die neuen Regeln zu gewöhnen, solange sie ihre alten Gewohnheiten nicht aufgaben – da half es auch nicht, dass die neue Ernährungsweise sie alle auf lange Sicht glücklicher und gesünder machen würde.

George gab offen zu, bei der Verabschiedung eines Kollegen ein Stück Schokoladenkuchen gegessen zu haben. (Die köstliche Verzierung aus Crème-fraiche beschrieb sie dabei in allen Einzelheiten.) Julian und Dick hatten nach der Geburtstagsfeier am Freitag die Küche nachts mit hängenden Köpfen betreten. Eine Inspizierung des Küchenabfalls hatte ergeben, dass sich Kebab-Reste darin befanden. Und Anne selbst war plötzlich schwach geworden und hatte am Donnerstagnachmittag einen halben Keks verspeist.

Sie mussten einfach raus aus ihrem Trott: Eine rasche, komplette Veränderung war angesagt. In einer neuen Umgebung würde es ihnen sicher leichter fallen, alte, schlechte Gewohnheiten abzuschütteln.

*Die neue »cleanere«, fittere und glücklichere Anne war in greif-
bare Nähe gerückt ... Sie konnte es kaum erwarten!*

Deshalb präsentierte sie den anderen am folgenden Dienstagabend einen Plan: Sie würden spontan zusammen in Urlaub fahren.

»Kirrin Island!«, rief Dick begeistert. »Was für eine wundervolle Idee!«

George und Julian reagierten, wie von Anne erwartet, mit etwas mehr Skepsis.

»Wir können die Diät genauso gut hier in der Stadt durchziehen, ein Ortswechsel ändert doch nichts«, sagte George.

»Und ich habe Verpflichtungen«, protestierte Julian. »Da ist der Fußball und ...«

»Ihr wisst alle, dass ich garantiert keine Spielverderberin sein will«, sagte Anne, »aber ihr müsst doch einsehen, dass die Versuchungen hier einfach zu groß für uns sind. Das ist doch echt unerträglich! Überall um uns herum essen Leute, wann und was immer sie möchten, und das wollen wir dann natürlich auch. Solange wir hier bleiben, setzen wir unseren Traum vom natürlichen, gesunden und reinen Leben in den Sand. Wir kriegen das nur hin, wenn wir die neue Ernährung ein paar Wochen erfolgreich durchgehalten haben.«

»Ach, Anne«, kicherte Julian. »Mit kleinen Ausrutschern musst du schon rechnen. Aber wir sind aus härterem Holz geschnitzt. Gib uns noch eine Chance, und wir beweisen dir, dass du dich irrst.«

Anne sah traurig aus. »Es tut mir echt leid. Aber ich muss das jetzt tun!«, sagte sie mit leiser Stimme. »Seit wir zusammengezogen sind, mache ich ja eure Zimmer sauber – und dabei hab ich in den letzten Tagen diese Dinge hier gefunden.« Nach und nach legte sie eine leere Törtchenpackung, eine leere Tüte Gummibärchen und einen leeren Big-Mac-Karton auf den Tisch.

»Ich verrate nicht im Einzelnen, was ich wo gefunden habe«, sagte sie immer noch leise, »aber euch ist sicher klar, was ihr getan habt.«

Sie sah nacheinander jedem von ihnen in die Augen, und alle mussten den Blick senken. Auch Timmy starrte sie anklagend an. Er konnte das Essen, das in diesen vier Wänden verzehrt worden war – und zwar nicht von ihm! –, nämlich riechen.

»Das hier ist ein Abenteuer«, betonte Anne ernst. »Also machen wir entweder alle mit, oder wir lassen es bleiben.«

Julian wollte sich gerade aufplustern und dagegenhalten. Doch dann gab er nach.

»Stimmt schon. Du hast recht. Hier kommen wir nicht weiter. Auf nach Dorset.«

KAPITEL 8

Der Weg ist das Ziel

Da keiner von ihnen in diesem Jahr bisher Urlaub genommen hatte, gelang es ihnen allen mühelos, kurzfristig ein paar Tage freizunehmen. Am Freitagabend trafen sie sich alle am Bahnhof Waterloo und druckten ihre vorbestellten Fahrkarten an den Ticket-Maschinen aus. Währenddessen hüpfte Timmy freudig zwischen ihnen hin und her und versuchte sich mit all den interessant riechenden Menschen um ihn herum vertraut zu machen.

»Beeilt euch«, drängte Anne. »Unsere Fahrkarten gelten nur für diesen Zug, den dürfen wir nicht verpassen.«

»Das WISSEN wir, Anne, Danke schön«, dröhnte Julian und versuchte, mittlerweile leicht frustriert, den Buchungscode von seinem Smartphone abzulesen. »Das wussten wir schon, bevor wir hier ankamen. Und inzwischen hast du es mindestens fünf Mal wiederholt. Wir sind *unsagbar* früh dran. Und der Zug startet deshalb garantiert nicht früher als sonst.« Die Maschine erkannte bereits zum dritten Mal den Code nicht an, den er eingegeben hatte. Julian streckte sich und machte seinem Unmut in Richtung der hohen Glaskuppel über ihnen mit einem lauten Jodler Luft. Damit schreckte er eine Gruppe gurrender Tauben auf. Anne erklärte daraufhin, sie würde nun ein Café suchen, in dem es Kurkuma Latte gab.

»Mann, lass mich mal ran!«, sagte Dick und schnappte sich das Handy seines Bruders.

»Warum gibt es nicht einfach *Fahrkarten* und Fahrkartenverkäufer und Bahnhofsvorsteher und Gepäckträger und Höflichkeit, anstelle dieser ganzen Prozedur hier?«, fragte Julian ins Nichts.

»Und Dampflokomotiven und alles, was schön altmodisch ist?«, konterte George.

»Ja, genau!«

»Was soll ich sagen?«, antwortete George mit einem dicken Grinsen. »Die Zeiten sind vorbei, mein Freund.«

»Ich *mag* die moderne Welt einfach nicht«, murrte Julian.

»Ach was! Das sagst du nur, weil du Linsensalat essen musstest«, hänselte ihn George fröhlich.

»Hier ist dein Zugticket«, unterbrach Dick sie und reichte Julian seine Fahrkarte. »Jetzt komm. Bahnsteig elf.«

»Wir müssen diesen Zug bekommen«, sagte Anne, die gerade mit einem Becher in der Hand zurückkehrte. »Diesen *ganz bestimmten* Zug.«

»Das WISSEN wir!«

Als sie ihren Wagon erreichten, blieb ihnen noch jede Menge Zeit bis zur Abfahrt. Sie verfrachteten in aller Seelenruhe ihr Gepäck in die dafür vorgesehenen Gepäcknetze und nahmen ihre Plätze ein. Normalerweise wären sie noch mal losgestürmt, um sich vor der Abfahrt mit allem einzudecken, was der Bahnhof so an gluten-, milch-, koffein- und alkoholhaltigen Leckereien hergab. Doch jetzt war das alles nicht erlaubt, und sie konnten nur warten und mitansehen, wie die anderen Passagiere den Zug bestiegen und Anne freundlich und wiederholt jedem erklärte, dass sie genau diese Sitzplätze tatsächlich reserviert hatten.

Sie waren wild entschlossen ein gesünderes, grüneres Kapitel in ihrem Leben aufzuschlagen.

»Mensch, jetzt hatte ich ja glatt vergessen, dass ich euch was Leckeres mitgebracht habe«, sagte Anne und zog eine Tupper-Dose hervor. Die anderen waren inzwischen misstrauisch, wenn Anne etwas als »lecker« anpries. Mit höflicher Gleichgültigkeit reagierten sie auf die kleinen Falafel-ähnlichen Objekte, ganz wie eine alte Tante, der man die Zeichnung eines nicht mit ihr verwandten Kindes zeigte.

»Powerballs!«, verkündete Anne voller Stolz.

Rein aus Höflichkeit hatte Dick bereits einen davon in die Hand genommen. Als er die Bezeichnung dafür hörte, ließ er ihn in seinen Schoß fallen.

»Das hört sich ganz so an wie der Titel einer Fußballsendung auf einem billigen Kabelkanal«, sagte Julian. »Präsentiert von hübschen Models.«

»Das hört sich an wie ein spanisches Wirtschaftsbuch aus den 80er-Jahren«, sagte Dick.

»Es hört sich an wie ein Remake von ›House of Cards‹, angesiedelt in der Welt von Jane Austen«, meldete sich auch George zu Wort.

»Ist doch egal, wie sich der Name anhört«, sagte Anne beleidigt. »Ja, wir *haben* diese Sitzplätze gebucht, *danke*. Ja, das sind *unsere* Plätze, da Sie mich schon fragen.« Sie schnaufte aufgebracht. »Es ist total egal«, fuhr sie dann wieder etwas leiser fort, »an was euch der Name erinnert.«

»An was der Name euch erinnert«, murmelte Julian und sah aus dem Fenster.

»Es hört sich an wie eine Sitcom mit Martin Clunes aus den späten Neunzigern«, ließ Dick sich nicht beirren. »Über einen Sportagenten namens Power, der eine Vasektomie hatte.«

»Mich erinnert es«, nahm George den Ball auf, »an einen importierten Energy-Drink, der in vierzehn asiatischen Staaten verboten ist.«

»Genau«, sagte Julian. »Und man würde dann so etwas sagen wie: ›Sieh dir den armen Kerl an, sieht ganz so aus, als er hätte er zu viele Wodka-Powerballs intus‹.«

Der Zug verließ sanft dahingleitend den Bahnhof.

»Na, ich bin ja froh, dass ihr euch so amüsiert«, sagte Anne spitz. »Aber diese Powerballs sind eine Art Trüffel aus gemahlenen Nüssen, Datteln und Kokosnussöl, bestäubt mit ein bisschen Kakao.«

Aus Höflichkeit nahm jeder von ihnen einen und knabberte daran herum. Sie konnten längst nicht mehr sagen, wie sie unter normalen Umständen reagiert hätten. Aber gerade jetzt stellte sich diese Art von Nahrung als eine nette Überraschung heraus: Die Bällchen waren ein wahrer Genuss.

Die vier begnügten sich mit dem Blick aus dem Fenster auf ein schnell entschwindendes Süd-London, während der Zug in Richtung Südküste Tempo aufnahm. Die Reise verlief angenehm. Als die vom Solent, dem Seitenkanal des Ärmelkanals, reflektierten Sonnenstrahlen ihr Zugabteil ausleuchteten, war die Dose mit den Powerballs tatsächlich leer. Der einzige unangenehme Zwischenfall ereignete sich, als Julian sich bei einem Mitreisenden über dessen lautstark geführtes Telefonat beschwerte. George entspannte die Lage rasch, indem sie Julian erklärte, dass er selbst ohne Handy die meiste Zeit viel lauter und nerviger war.

Die weite, wunderschöne Landschaft von Dorset erstreckte sich vor ihrem Abteilfenster und war jetzt in ein sanft-blaues Abendlicht getaucht. Während der Zug dahinglitt, schlummerte Timmy unter Georges Sitz, und die anderen seufzten erleichtert, dass sie in ihre zweite Heimat zurückkehren konnten. Anne hatte recht. Die ganze Sache mit diesem »Clean Eating« musste, umgeben von üppiger Landschaft und frischer Luft, doch einfacher gelingen. Die Freunde waren wild entschlossen, ein gesünderes, grüneres Kapitel in ihrem Leben aufzuschlagen – das würde der Anfang von etwas ganz Neuem sein!

KAPITEL 9

Eine Überraschung wartet auf Kirrin Island

Onkel Quentin holte sie am Bahnhof ab. Obwohl sie keine Kinder mehr waren, sondern berufstätige, erwachsene Städter, hatte Onkel Quentin nicht vor, sie wie solche zu behandeln. Sein Blick auf die Welt war schon immer ein bisschen eingeschränkt gewesen, und mit dem Alter hatte sich das zu einer wortkargen Verschrobenheit weiterentwickelt. Alle jungen Besucher stellten in seinen Augen eine Gefahr für seine Arbeit, seine Ruhe und seinen Geisteszustand dar. Punktum. Aber zum Glück waren die Freunde längst an seine Eigenarten gewöhnt und störten sich nicht daran.

»Hallo, Paps«, begrüßte George ihn fröhlich, hüpfte auf den Vordersitz und küsste ihn auf die Wange.

»Ja«, erwiderte er. Er umklammerte fest das Lenkrad und starrte durch die Windschutzscheibe nach vorne. Die anderen warfen ihr Gepäck in den Kofferraum und zwängten sich auf den Rücksitz. Sobald sie saßen, fuhr Onkel Quentin abrupt und schnell beschleunigend vom Parkplatz herunter. Dabei verfehlte er nur knapp eine Frau mit Kinderwagen.

»Wie geht es dir, Onkel Quentin?«, fragte Dick fröhlich.

»Ja«, wiederholte Onkel Quentin.

Timmys neues Bio-Trockenfutter, das sein altes, industriell hergestelltes Futter ersetzen sollte, kauften sie in einer der teureren Tierhandlungen.

»Er ist etwas abgelenkt«, erklärte George ungerührt. »Wie immer steckt er wahrscheinlich mitten in einem seiner Experimente. Ist doch so, Papa?«

»Ja«, sagte Quentin und streckte seinen Arm aus dem Fenster, um zu signalisieren, dass er abbiegen wollte.

»Weißt du, Onkel Quentin …«, fing Dick strahlend an zu dozieren: »Also ich kann es selbst kaum fassen, aber ist es nicht unglaublich, dass man herausgefunden hat, dass Albatrosse bis zu einer Million Jahre alt werden können und deshalb ab jetzt auch Stühle in Norwegen das Wahlrecht haben?«

»Ja«, antwortete Onkel Quentin grimmig.

»Ich *liebe* es, wenn du das machst«, flüsterte Anne Dick zu.

»Und wusstest du schon, Onkel Quentin«, kicherte Julian, »also ist es nicht besonders lustig, dass …«

»Ach, haltet jetzt mal den Rand, Leute«, rief George.

»Ja«, stimmte Onkel Quentin ihr zu.

Dann schauten alle aus dem Fenster und betrachteten die vorbeiziehende Landschaft.

Sobald sie die Stadt hinter sich gelassen hatten und aufs Land fuhren, entspannte sich Onkel Quentin merklich. Sein Schultern verloren ein ganz klein wenig von ihrer Anspannung, und sein Atem wurde regelmäßiger. Die Freunde wussten nur zu gut, dass sie sich jetzt so normal, wie es eben mit Onkel Quentin möglich war, mit ihm unterhalten konnten. Das war auch ihr einziges Zeitfenster, denn wenn sie erst einmal zu Hause angekommen waren, würde er blitzartig in seinem Labor verschwinden und nur noch zu den Mahlzeiten erscheinen.

»Sag mal, Onkel Quentin«, fragte Julian von Neugier getrieben. »Das Auto kenne ich ja gar nicht. Ist das neu?«

»Schön, dass du fragst, du Lauser«, sagte Onkel Quentin. »Das hier ist mein neuestes Experiment. Kohlendioxidfreie Brennstoffe sind in Mode, und dieses Auto hier wird mit Erdnüssen betrieben.«

»Das muss ja echt billig sein, oder?«

»Nein; genau genommen wird es mit Erdnussöl betrieben. Und mit ganzen Erdnüssen, die man in den Zerkleinerer hinten im Auto schüttet. Das ist der fürchterliche Lärm, den ihr hört. Und auch der Grund, warum ich in der Stadt so nervös war. Das ist nämlich vollkommen illegal.«

»Ich kann mir gut vorstellen, dass es jede Menge Tests gibt, die ein Motor bestehen muss, bevor er als straßentauglich gilt«, meinte George.

»Das ist natürlich ein Grund. Aber es ist halt auch *unglaublich* gefährlich. Könnte jeden Moment in die Luft gehen. Hat einer von euch mal eine Zigarette für mich?«

Sie alle schrien, sie hätten selbstverständlich keine.

»Wuff!«, bellte auch Timmy missbilligend.

»Mhm, so 'ne Schande. Das ist dieser Tage meine einzige Chance, also wenn ich kleine Besorgungen mache.«

»Können wir aussteigen und laufen«, fragte Anne unruhig vom Rücksitz.

»Auf gar keinen Fall«, sagte Onkel Quentin und gab urplötzlich Gas. »Ich will doch meiner Frau nicht erklären müssen, warum ich euch hier im Nirgendwo zurückgelassen habe. Das wäre mein sicherer Tod.« Das kleine Erdnuss-Auto erklomm einen Hügel, und so bot sich ihnen ein wunderbarer Blick auf Kirrin Island in der Ferne. Onkel Quentins Gesichtsausdruck klarte auf, während die anderen im Auto umso beunruhigter dreinblickten. »Was habt ihr denn so vor in der Zeit bei uns?«

»Wir sind vor allem aus gesundheitlichen Gründen hier«, sagte George. »Wir wollen aber auf jeden Fall auch zur Insel raus.«

»Welche Insel?«, fragte ihr Vater.

George betrachtete ihn mit einem sonderbaren Blick. »Was meinst du damit, welche Insel? Kirrin Island. Die ich besitze.« Sie versuchte ihre Laune angesichts der Begriffsstutzigkeit ihres Vaters im Griff zu behalten, scheiterte aber kläglich. »Warum *tust du so*, als ob du nicht weißt, was ich meine?«, fragte sie aufgebracht.

»Ihr könnt nicht auf die Insel, Georgina«, antwortete ihr Vater und hielt die Augen starr auf die Straße gerichtet.

Rein wissenschaftlich betrachtet, hätte er zumindest ahnen müssen, dass diese Bemerkung seine Tochter aufregen würde. Doch genau dieser dominante Teil seines Gehirns, der wissenschaftliche Bereich sozusagen, gab nur äußerst selten Informationen an den kleineren väterlichen Teil weiter. Deshalb erschrak er auch heftig bei Georges lautem Aufschrei und riss das Lenkrad herum. Dabei geriet er auf die andere Fahrbahn und wäre beinahe mit einem Laster zusammenstoßen. Alle auf der Rückbank schrien einstimmig laut und lang gezogen auf.

»Wuff!«, bellte Timmy, jetzt noch missbilligender. »Wuff, wuff!«

»Du meinst doch sicherlich, dass niemand *außer* mir dorthin darf, oder? Denn die Insel gehört doch *mir*?«

»N...«

»Und ich bestimme, wer dorthin darf und wer nicht?«, fuhr George gnadenlos fort.

»Nicht wirklich«, erwiderte ihr Vater, der jetzt wieder auf seiner Spur war.

»Aber sie *gehört* mir doch?«

»Wir hatten Besuch von Umweltbundesamt und vom Naturschutz«, erklärte Onkel Quentin. »Ich dachte, deine Mutter hätte es dir schon erzählt. Jedenfalls hat sich herausgestellt, dass auf Kirrin Island eine seltene Maulwurfart lebt, die es nirgends sonst im Süden Englands gibt. Deshalb wurde die Insel zum Naturschutzgebiet erklärt. Keine Menschen erlaubt. Das macht es aber nur noch exklusiver, meinst du nicht?«

Die anderen auf der Rückbank erwarteten mit Spannung Georges Reaktion. Zu diesem Zeitpunkt fuhren sie eine enge Küstenstraße hinunter, die dem unpräzisen Fahrer keine Möglichkeit für Fehler ließ, auch wenn sie dafür spektakuläre Ausblicke lieferte.

Nach einer langen Pause fragte George fast ruhig: »Soll das heißen, niemand darf die Insel betreten?«

»Überhaupt niemand«, antwortete Onkel Quentin fröhlich.

George fühlte sich eigentlich von Natur aus eher am linken politischen Spektrum wohl. Sie hatte ihre Zeit an der Universität in Brighton sehr genossen, und als Erwachsene erachtete sie das liberale Klima dort als ihre geistige Heimat. Doch diese Offenbarung in Bezug auf Kirrin Island hatte sie vollkommen unvorbereitet getroffen, und so murmelte sie nur »völlig übertrieben politisch korrekt« vor sich hin. Nach einiger Zeit sagte sie jedoch mit einer fröhlicheren Stimme: »Nun gut, wenn da ganz viele verletzliche kleine Maulwurfe auf der Insel herumkrabbeln, dann kenne ich einen Hund, der es sich nicht nehmen lassen würde, sie zu jagen. Habe ich nicht recht, Timmy?«

Einer nach dem anderen ging mit hungrig knurrendem Magen ins Bett.

»Wuff!«, bellte Timmy begeistert.

Alle atmeten erleichtert auf.

»Okay, wenn ihr Leben geschützt werden soll, müssen wir uns wohl oder übel von der Insel fernhalten.«

»Und was machen wir *dann* in unseren Ferien?«, fragte Dick unsicher.

»Schnappt viel frische Luft, bleibt dem Haus fern und geht mir aus dem Weg!«, schlug Onkel Quentin vor. Er bog mit solcher Wucht auf die Deichstraße ein, die zum Haus führte, dass die Autoinsassen alle eine Handbreit in die Luft geschleudert wurden.

»Wuff!«, bellte Timmy aufgeregt.

Die Karosserie krachte mit einem lauten Knall wieder auf den Boden. Zum Glück explodierte das Auto nicht.

Tante Fanny freute sich sehr darüber, sie alle wiederzusehen, und zeigte ihnen ihre alten Zimmer (und natürlich den Hundekorb für Timmy).

»Eure beiden Betten werden inzwischen ein bisschen zu klein für euch sein«, sagte sie zu Anne und Dick, »aber ihr seid selbst schuld, wenn ihr nicht aufhört zu wachsen!« Die beiden versicherten ihr mit ehrlicher Begeisterung, dass sie nur gute Erinnerungen an ihre alten Kinderbetten hegten und sie sich auf keinen Fall schuldig fühlen dürfte, sie ihnen angeboten zu haben.

»Ich hab einen schönen Nachmittagstee für euch«, verkündete Tante Fanny, als alle wieder zusammenkamen. Sie zeigte auf den Esstisch, der sich unter einer Auswahl an Obstkuchen, Quiches, Brötchen und leckerem Gebäck bog – es musste sie einige Tage Arbeit gekostet haben, das alles zuzubereiten.

George jedoch blickte eher wachsam auf das reiche Angebot.

»Sobald ihr euren Besuch angekündigt habt«, sprudelte es aus Tante Fanny heraus, »habe ich mich in die Arbeit gestürzt. Es ist so schön, dass ihr alle wieder einmal bei uns seid. Das letzte Mal ist schon so lange her! Jahre!«

Und schwups, hatte sie vier Stückchen von einem üppigen Biskuit-Kuchen, gefüllt mit Erdbeermarmelade und Buttercreme, abgeschnitten und auf Teller gelegt, die sie nun reihum verteilte. George streckte ihre Hand aus; und ihre Mutter zögerte kurz. Julian, der auch schon einen Teller annehmen wollte, zögerte ebenfalls. Einen Moment lang verharrten sie in dieser Geste.

»Mama, das hier ist alles ganz wundervoll. Du hast aber doch hoffentlich die E-Mail erhalten, die ich dir geschickt habe?«, fragte George dann jäh. »Über unsere Diätvorgaben?«

»Mmh, nein«, murmelte Tante Fanny fröhlich. »Ich habe meine E-Mails schon seit Ostern nicht mehr abgerufen. Wir hatten immer so viel zu tun!«

George besah sich die anderen Nahrungsmittel, die für ihren Nachmittagstee vorgesehen waren. Dann streichelte sie Timmy so sanft und traurig zugleich über den Kopf, dass dieser ein Winseln ausstieß.

»Mama«, sagte George, »ich muss dir etwas Furchtbares sagen ...«

KAPITEL 10

»Frei von allem« in Kirrin Cottage

Es stellte sich heraus, dass es sehr schwierig war, den Bewohnern von Kirrin Cottage schlechte Nachrichten zu überbringen. Zum einen hatte eines von Onkel Quentins berühmt-berüchtigten Experimenten den Internetanschluss des Cottage lahmgelegt, und da sie ihn in den letzten sechs Monaten nicht wieder zum Laufen gebracht hatten, war der Familien-PC größtenteils nutzlos geworden. Zum anderen konnte Tante Fanny nur dann ihre E-Mails lesen, wenn sie sich mit ihrer Schwägerin (der Mutter von Cousin Rupert, diesem scheußlichen Snob), die alle 14 Tage aus Dorchester zu Besuch anreiste, in der Stadt zum Tee traf. Aber zum Lesen der E-Mails kam sie auch nur dann, wenn die örtliche Bibliothek nach ihrem ausgiebigen Plausch noch geöffnet hatte, wenn sie noch genug Zeit übrig hatte, da überhaupt hinzugehen, wenn sie nach dem Treffen noch in der richtigen Stimmung war und wenn sie sich überhaupt an ihr Vorhaben erinnerte, was meist davon abhing, ob sie sich vorher gestritten hatten. Kurz, zum E-Mail-Lesen kam sie eher selten bis gar nicht. Daher war Georges ausführliche Nachricht, in der sie ihren Ernährungsplan genau erklärt hatte, völlig untergegangen.

George, die in ihrem ganzen Leben nur sieben E-Mails von ihren Eltern erhalten hatte, hatte sich so etwas schon gedacht.

Deshalb hatte sie den Ernährungsplan in gekürzter Form als eine Art Back-up per SMS an ihre Mutter geschickt.

»Ach, ja, ich erinnere mich, das war letzten Donnerstag. Nun ja, ich wollte sie gerade lesen und hatte mein Telefon schon in der Hand, als euer Cousin Rupert anrief und das mit dem Baby verkündet hat. Ist das nicht wunderbar? Ein Mädchen. Nimm noch eine Wurst in Blätterteig, Dick.«

Neben dem Tisch, der sich unter dem Gewicht von Nahrungsmitteln bog, die sie so gern gegessen hätten, aber nicht anrühren durften, standen Tante Fannys Gäste aufgereiht und bemitleideten sie um den bevorstehenden Verlust ihrer Unschuld.

In genau diesem Augenblick erlebte George am eigenen Leib, dass es keinen Deut einfacher war, den Bewohnern von Kirrin Cottage schlechte Nachrichten zu überbringen, wenn man ihnen persönlich gegenüberstand. Sie legte sich ins Zeug und gab ihr Möglichstes, aber selbst ihre besten Erklärungsversuche prallten an ihrer Mutter offensichtlich ab. »Es ist einfach so schön, dass ihr *hier* seid«, sagte sie. »Alle freuen sich riesig. Es ist schon so lange her ...«

Die Freunde brachten es einfach nicht über sich, Tante Fannys Begeisterung im Keim zu ersticken. Vielmehr erwiderten sie ihre warme Herzlichkeit mit der verdienten Dankbarkeit, umarmten sie und beteuerten, wie schön es sei, hier zu sein. Dann erklärten sie alle, sie seien so satt, dass sie auf keinen Fall noch etwas essen könnten. Anschließend wanderten sie einer nach dem anderen mit schmerzlich knurrendem Magen ins Bett.

»Wir essen keinen Weizen, keine Milchprodukte, keinen
Zucker«, erklärte George.
»Ach, das freut mich so«, sagte Tante Fanny. »Soll ich euch
ein paar schöne Erdnussbutterbrote zum Mitnehmen
schmieren?«

Früh am nächsten Morgen trafen sie sich alle in der Küche wieder, wo Tante Fanny gerade mit letzten Handgriffen eine Pastete fertig machte.

»Mit was ist die gefüllt, liebste Tante in der Welt?«, fragte Dick voller Neugier. Ihm lief das Wasser schon im Mund zusammen.

»Schinken«, antwortete Tante Fanny abgelenkt.

»Lecker!«, trompetete Dick begeistert.

»Hühnchen, Lauch und Kräuter«, fuhr Tante Fanny fort. Alle oohten und aahhten.

»Sahne«, fuhr sie weiter fort, »Sherry, Morcheln und die Reste vom Hasenbraten.«

»Wuff!«, bellte Timmy als Antwort auf das Wort »Hase«. Das also sollte ihr Abendessen werden.

George fiel nun die Aufgabe zu, Tante Fanny eindringlich ein für alle Mal klarzumachen, was sie ihr so viele Male vergeblich zu sagen versucht hatte. Am Ende lächelte Tante Fanny immer noch und betonte, was das für eine gute Idee sei.

»Aber wir können dieses Essen nicht essen«, betonte George ganz langsam, in der Hoffnung, so durchzudringen. »Von dieser köstlichen Pastete – die, das wisst ihr ja nur zu gut, meine aller- liebste Lieblingspastete ist – können wir noch nicht mal ein kleines Stück vertilgen. Oder von dem Kuchen, den Brötchen oder den Wurst-Blätterteigröllchen, die du in der Speisekammer gestapelt hast.«

»Vielleicht nur ein kleines bisschen?«, sagte Tante Fanny.

»Das geht leider nicht. Das ist der Sinn einer glutenfreien Er- nährungsweise«, erklärte George.

»Nun gut«, erwiderte Tante Fanny daraufhin ungerührt, »dann schauen wir mal, ob vielleicht später einer von euch etwas davon möchte.«

»Ach, natürlich werden wir etwas davon *wollen*«, sagte George, »denn das Essen ist ja wirklich köstlich. Aber wir dürfen es leider nicht essen – und deshalb werden wir das auch später nicht tun. Wir ziehen das jetzt alle zusammen durch! Wir sind schließlich hergekommen, um gesund und glücklich zu sein, und deshalb werden wir auf gar keinen Fall Weizen, Milchprodukte, Zucker, Fertigprodukte oder salzhaltige Lebensmittel essen. Und jetzt gehen wir nach draußen an die verdammt noch mal frische Luft!«

»Ach, das freut mich so«, sagte Tante Fanny. »Soll ich euch ein paar schöne Erdnussbutterbrote zum Mitnehmen schmieren?«

KAPITEL 11

Die Fünf entdecken Dorset wieder

Anne, Dick und Julian hatten sich recht bald aus der Unterhaltung zwischen George und Tante Fanny ausgeklinkt und waren nicht geblieben, um den Rest des Austauschs mit anzuhören. Sie waren alle in unterschiedliche Richtungen davongelaufen, um Georges Anschuldigungen, dass Tante Fanny »ihr nie zuhört, verdammt noch mal«, nicht mitanhören zu müssen. An den Klippen hinter dem Haus trafen sie sich wieder. Hier konnten sie in die Brandung, die sich an den Felsen brach, schauen und den Wind spüren, der über den Ärmelkanal pfiff – beides übertönte Georges Stimme jedoch nicht vollständig.

Hier war immer ein besonderer und glücklicher Ort für sie gewesen. Anne, Dick und Julian haderten damit, wie schwer es Tante Fanny fiel, ihre moderne und andersartige Denkweise zu verstehen. Wie konnten nur all die Mahlzeiten, die sie in ihrem langen, gesunden Leben gegessen hatte, von der jüngeren Generation plötzlich als Gift angesehen werden? Aber schließlich schien sich der Sturm zu legen. Sie gingen davon aus, dass Tante Fanny endlich den Sinn und Zweck ihrer Diät verstanden hatte – und George stieß an den Klippen zu ihnen.

Um das ganze köstliche, aber verbotene Essen aus ihrem Kopf zu bekommen, entschieden sie sich für einen langen Spaziergang entlang der Felsklippen. Fröhlich stapften sie den ganzen Morgen durch die Landschaft und setzten ihre Wanderung über den Nachmittag hinweg bis in die Abendstunden fort. Sie purzelten steile Abhänge hinunter und kraxelten auf der anderen Seite wieder hinauf. Sie kamen an Kühen vorbei, die in der Nähe der Felsvorsprünge grasten, atmeten die berauschende Mischung aus Blumenduft, Seeluft und Weideland ein. Stundenlang waren sie so unterwegs, machten Rast und aßen einen von Annes köstlichen Bohnensalaten, bevor sie sich für weitere fünf bis sechs Stunden auf den Weg machten. Sie genossen die atemberaubende Aussicht rundherum in vollen Zügen, bis sie völlig erschöpft waren.

»Langt es nicht so langsam mal?«, schnaufte Dick auf dem Weg zur einer Felskuppe. Die Landschaft war zwar immer noch wunderschön, doch die Sonne begann bereits unterzugehen, und es wurde Zeit, an den Heimweg zu denken.

»Atme tief ein und denke einen Augenblick darüber nach, was es bedeutet, lebendig zu sein«, bat Anne. »Was es bedeutet, du zu sein, was es bedeutet, hier zu sein. Was es bedeutet, zu atmen und zu denken.«

»Was es bedeutet, in der Nähe eines Pubs zu sein«, warf George munter ein und zeigte auf ein Gebäude in der Ferne.

»Superklasse!«, rief Julian. »Wer als Letzter ankommt, zahlt die erste Runde!«

Anne stand noch eine ganze Weile allein auf der Felskuppe, atmete tief durch und achtete auf ihre eigenen Gedanken, bis sie endlich Akzeptanz und Verbundenheit fühlte. Und Durst.

Rasch hatte sie die anderen eingeholt, und gemeinsam duckten sich die Freunde unter den niedrigen Dachbalken am Eingang des Pubs hindurch, während sie noch heftig diskutierten, ob sie draußen auf den Holzstämmen, die als Tisch und Bänke dienten, sitzen wollten oder drinnen, am wärmenden, gemütlichen Kaminfeuer. Da es schnell abkühlte, obwohl es ein heißer Tag gewesen war, entschieden sie sich für drinnen.

Als sie sich durch Gänge zwängten, die eher für Hobbits gemacht schienen, erfüllte sie ein unbändiges Glücksgefühl und das Gefühl, etwas geleistet zu haben. Die Sonne von Dorset hatte ihnen eine gesunde Farbe ins Gesicht gezaubert. Und selbst Annes Einwand, dass Bier auch nach einer so ausgiebigen und anstrengenden Wanderung nicht zu ihrer Diät gehörte, konnte ihren Frohsinn nicht schmälern. Kichernd ließen sie sich auf die Holzbänke im schummrigen Gastraum sinken und schickten Dick und Julian zur Theke, um Getränke zu holen.

»Oh, und Jules, frag doch bitte, ob sie Oliven haben?«, rief Anne.

»*Julian*«, verbesserte George sie. »Julian, Julian, Julian!«

Da die Bar nur aus einer hüfthohen Durchreiche bestand, über die die Getränke fast schon konspirativ ausgegeben wurden, fand sich Dick, der lässig an der Wand gelehnt auf seinen Einsatz wartete, unerwartet an der Spitze der Warteschlange.

»Oh! Äh, hallo! Ich hätte gern vier Mineralwasser mit Limette, bitte, und eine Schale mit Wasser für unseren Hund«, sagte er fröhlich.

Der Besitzer des Pubs, ein eher kräftiger Kerl, der sich angeregt mit Leuten weiter hinten in der Schlange unterhalten hatte, fuhr sich mit der Zunge über die Zähne und starrte ihn an.

»Sie schenken doch sicherlich Mineralwasser aus?«, hakte Dick unbekümmert nach. »Also, das ist wie normales Wasser, nur mit Kohlensäure.«

Julian, der hinter Dick stand, zuckte zusammen. Er wusste, dass Dick, so einfach und glücklich wie er gestrickt war, seine Bemerkung als harmlose Erklärung gemeint hatte. Aber er wusste genauso gut, dass es sich fast wie eine Beleidigung anhörte. Und Dicks unschuldiger Blick machte alles nur noch schlimmer.

Der Barbesitzer fixierte Dick mit einem argwöhnischen Blick, während er unsäglich langsam die bestellten Getränke zusammenstellte. Julian nahm wahr, wie die Gespräche um sie herum erstarben. Dick stieg derweil die Röte ins Gesicht. »Lass mich das nehmen«, murmelte Julian und griff nach den ersten beiden Gläsern.

»Was haben Sie denn zum Essen da?«, fragte Dick.

Der Gastwirt erklärte barsch, dass sie hausgemachte Teigtaschen mit Senf sowie Schweinekrusten und geröstete Erdnüssen bekommen könnten. Genau in diesem Moment gesellte sich Anne völlig ausgehungert zu ihnen an die Bar und verkündete, sie hätte zwar schon oft von Schweinekrusten gehört, aber keine Ahnung, was genau das sei. Julian flüsterte ihr eine Erklärung zu, woraufhin sie gerade noch den Brechreiz unterdrücken konnte. Aber ihr Hunger war zu groß, also war Aufgeben keine Option.

Sie überlegten, wie viel sie wohl inzwischen abgenommen hatten – immerhin hielten sie jetzt schon über eine Woche durch –, und dachten lang und breit darüber nach, ob sie sich nicht längst einen Hamburger mit Pommes verdient hätten.

»Gibt's bei Ihnen Proteinbällchen?«, fragte sie den Barbesitzer.

»Was soll's bei mir geben?«, fragte dieser perplex zurück.

»Anne«, murmelte Julian ihr zu, »das ist eine absolut bescheuerte Frage. Geh lieber zurück und setz dich hin, bevor du uns in Schwierigkeiten bringst und wir gelyncht werden.«

Dick bedankte sich beim Wirt, teilte ihm mit, dass sie nun doch nichts essen würden, und zahlte die Getränke. Als der Wirt das Wechselgeld in Dicks Hand gleiten ließ, betrachtete er die Gruppe scharf.

»Denkt ihr Typen, ihr seid lustig?«, platzte es plötzlich aus ihm heraus.

»Bitte?«

»Ich würd nur gern wissen, ob ihr euch für witzig haltet«, wiederholte der Besitzer, ohne Dicks Hand loszulassen.

»Was genau verstehen Sie unter ›witzig‹?«, fragte Dick überrascht.

»Komm schon, bitte, Dick, setz dich einfach wieder hin!«, rief Julian und schickte ein dringliches »Sofort!« hinterher. Der Gastwirt ließ Dicks Hand los und verfolgte ihn mit Argusaugen, als er sich entfernte. Danach beobachtete er die Freunde durchgängig, während sie nervös an ihren Gläsern nippten. Anne und George zeigten sich gerade Fotos, die sie mit ihren Handys gemacht hatten.

»Hier ist es längst nicht mehr so einladend, wie ich es in Erinnerung hatte«, sagte Julian. »Aber ich war auch noch nie in einem Pub in Dorset. Wir werden ganz schön argwöhnisch beäugt.« Er deutete auf einen Tisch mit Gästen auf der anderen Seite des Raumes, die sie anstarrten und dabei leise tuschelten.

»Was ist nur mit Dorset *passiert*?«, fragte sich George niedergeschlagen. »Hat sich alles ganz schön verändert.«

»Ich glaube nicht, dass den Wirt schon mal jemand nach Mineralwasser gefragt hat«, sagte Dick. »Das schien irgendwie das eigentliche Problem zu sein. Der Gedanke schien ihn anzuwidern, dass Menschen so etwas trinken können.«

George hielt ihr Glas gegen das Licht und musste dem Wirt in diesem Punkt recht geben.

»Vielleicht halten sie uns für Fremde, weil wir noch nie hier im Pub waren. Vielleicht mögen sie keine Fremden, trauen ihnen nicht und meiden sie deshalb?«, schlug Anne nervös vor. Gerade als sie ihren Satz beendet hatte, folgte sie den Blicken ihrer Freunde, die zu einem Tisch mit japanischen Touristen gewandert waren. Die ausländischen Gäste tranken ganz offensichtlich das lokal gebraute Bier und warfen ihnen die gleichen misstrauischen Blicke zu wie die Einheimischen.

Eine Weile nippten sie alle an ihren Gläsern, aber ihre sonst so fröhlichen Gespräche nach einer ausgiebigen und schönen Wanderung wollten sich einfach nicht einstellen. Ihre Gedanken kreisten rund ums Essen: Wo ihre nächste sättigende Mahlzeit herkommen sollte, wann sie endlich etwas zu beißen herbekämen und wie sie es so lange überhaupt aushalten sollten. Sie überlegten, wie viel sie wohl inzwischen abgenommen hatten – immerhin hielten sie jetzt schon über eine Woche durch –, und dachten lang und breit darüber nach, ob sie sich nicht längst einen Hamburger mit Pommes verdient hätten. Oder eine dieser regionalen Spezialitäten, diese unsagbar köstlich duftenden Teigtaschen, wie sie die japanischen Touristen gerade verspeisten ...

All diese Gedanken schwirrten ihnen durch den Kopf, während ihre Energie langsam nachließ und sie in deprimiertes Schweigen versanken. Die Essensgerüche des Nachbartischs wehten zu ihnen herüber.

»Ich dachte immer, Japaner essen keine Sachen in Blätterteig«, bemerkte Julian verbittert.

»Vielleicht sollten wir gehen«, meinte George. Sie war so unendlich müde. Es kam ihr so vor, als hätte sie seit Monaten keine richtige Mahlzeit mehr gegessen, und jetzt wollte sie nur noch ins Bett, in ihr eigenes Kinderbett. Sie stand vom Tisch auf und fragte den Wirt nach der Telefonnummer der örtlichen Taxizentrale.

»Funktioniert aber nicht!« Der Wirt zuckte die Achseln und zeigte auf den öffentlichen Fernsprecher in der Ecke des Lokals.

»Das ist schon okay«, versicherte George, »Ich habe ein Handy dabei. Ich brauch nur die Nummer.«

»Nee, die Nummer funktioniert nicht«, knurrte der Wirt.

George war sich ziemlich sicher, dass sie gesehen hatte, wie ein Taxi jemanden hier abgesetzt hatte, als sie ankamen. Aber sie hatte keine Lust auf Diskussionen und war viel zu nüchtern, um einen Streit vom Zaun zu brechen.

Sie traten hinaus in die untergehende Sonne und suchten auf ihren Handys nach Taxiunternehmen. Ihre Suche lief ins Leere. Die Handys hatten allesamt keinen Empfang, denn sie waren kilometerweit vom nächsten Sendemast entfernt.

Und so begaben sie sich auf den langen Marsch zurück nach Hause. Nur Timmy, der von den hundelieben Japanern einige Essensreste bekommen hatte, wirkte nicht mehr müde und deprimiert.

KAPITEL 12

Ein Ausflug ins Abenteuer

»Na, wie sehen denn eure Pläne für heute aus?«, fragte Tante Fanny ihre Besucher fröhlich am nächsten Morgen am Frühstückstisch.

Sie hatten gerade ein ordentliches Frühstück aus schwarzem Tee und Porridge (selbstverständlich aus glutenfreien Haferflocken und Nussmilch), bestreut mit Acai-Beeren und Bienenpollen, zu sich genommen. Dazu hatte es einen neuen Gesundheits-Drink gegeben, eine Variation von Annes *Zauberwasser*. Die neue Mischung bestand aus kaltem grünem Tee, Limettensaft, Minzblättern, Obstessig, Kokosmilch und frischem Ingwer. Sie sah ganz so aus, als hätte man die Hosenbeine eines Obdachlosen ausgewrungen. Anne hatte das Getränk »die heilige Essenz« getauft.

Als Onkel Quentin sich zu ihnen an den Tisch gesetzt hatte, hatte er ihre Müslischüsseln mit einem verächtlichen Blick quittiert. Er arbeitete sich mit einem Mordsappetit durch ein vollständiges englisches Frühstück, während er ganz nebenbei brummelnd und seufzend das kryptische Kreuzworträtsel im *New Scientist* löste. Nachdem er aufgegessen hatte, rülpste er herzlich und verließ kommentarlos den Tisch. Während er die Treppe hinaufstieg, pfiff er vor sich hin.

Sie hatten gerade ein ordentliches Frühstück aus schwarzem
Tee und Porridge (selbstverständlich aus glutenfreien
Haferflocken und Nussmilch), bestreut mit Acai-Beeren und
Bienenpollen, zu sich genommen.

»Nun, um deine Frage zu beantworten, Tante Fanny«, sagte Anne, »wir stürzen uns ins Abenteuer. Es gibt hier genügend Höhlen, Hügel, Felsklippen und Burgen ...«

Schon bald hatten sie sich auf eine Radtour geeinigt.

Julian holte seine Landkarte hervor und markierte die geplante Strecke mit Bleistift. Es sollte eine Tour von dreißig Kilometern werden, damit sie rechtzeitig zum Abendessen, für das sie unterwegs einkaufen konnten, wieder zurück wären. Die anderen fanden zwar, dass dreißig Kilometer ein bisschen übertrieben waren, stimmten aber trotzdem zu.

»Und möchtet ihr vielleicht ein paar leckere Erdnussbutterbrote fürs Mittagessen einpacken?«, fragte Tante Fanny.

»Das haben wir doch besprochen, Mama!«, sagte George und legte ihrer Mutter dabei die Hand auf den Arm. »Warum drängst du uns immer noch Erdnussbutter auf?«

»Na ja, daran sind die ganzen Erdnüsse für Quentins Auto schuld.« Tante Fanny wirkte niedergeschlagen. »Wir haben immer noch eine Viertel*tonne* übrig, die wir im alten Eishaus gelagert haben. Wie sollen wir die nur jemals loswerden ...«

In einem der Schuppen hinter Kirrin Cottage lag ein Haufen alter Fahrräder. Nach näherer Inspektion fanden sie tatsächlich vier, die (nachdem man sie geölt und die Reifen aufgepumpt hatte) gut genug für eine Radtour waren.

Während sich Dick um den Zustand der Fahrräder kümmerte, bereitete Tante Fanny mit Annes Hilfe das Picknick vor. Anne war schon früh aufgestanden und hatte sich schnell von Tante Fanny zum Supermarkt fahren lassen, um die Zutaten zu kaufen. Seitdem war Anne mit der Zubereitung beschäftigt gewesen.

Sie versuchte den übertriebenen Arbeitsaufwand vor den anderen geheim zu halten, denn ausgerechnet die Mahlzeiten für heute waren noch aufwendiger als sonst ausgefallen. Da Tante Fanny am Morgen Freunde besucht hatte, hatte auch sie die erste exzessive Vorbereitungswelle nicht mitbekommen.

Als Erstes hatte Anne eine Portion Nussmilch hergestellt, mit der sie dann das Porridge zubereitet hatte. Die nächste Stunde hatte sie damit verbracht, Frühstück für alle zu machen. Als die anderen schließlich die Stufen nacheinander herunterpolterten, nahmen sie an, dass es Anne höchstens fünfzehn Minuten gekostet hatte. Und sie ließ sie liebend gern in dem Glauben.

Nachdem sie selbst gefrühstückt hatte, stellte Anne die Zutaten für die Smoothies zum Mittagessen zusammen und schälte alles, um es anschließen klein zu schnippeln. Tante Fanny gesellte sich zu ihr und beobachtete ihr Tun mit vornehmer Zurückhaltung.

»Wichtig bei Smoothies ist es, nicht zu viel Obst zu verwenden«, fing Anne an zu erklären. »Obst besteht nämlich fast ausschließlich aus Zucker, das ist schlecht für den Körper. Genauso gut könnte man auch Drogen einwerfen. Ein Teelöffel Goji-Beeren, Preiselbeeren und Heidelbeeren, die richten keinerlei Schaden an. Sie machen die Smoothies sogar schmackhafter«, beendete sie ihren Vortrag.

Tante Fanny nickte nur mit einer aufmerksamen Ernsthaftigkeit, ganz so, als würde sie an einem vollkommen fremden religiösen Ritual teilnehmen, von dem noch unklar war, ob es gut oder teuflisch enden würde. Anne zählte die nächsten vier Zutaten an ihren Fingern ab: »Ingwer. Grünkohl. Brokkoli. Spinat. Julian nennt sie die vier Angreifer. Alle vier sind entzündungshemmend und Antioxidantien. Außerdem gut für die Knochendichte und: Sie vermindern das Krebsrisiko und fördern die Verdauung.« Anne machte eine Pause, als ob sie Tante Fanny die Möglichkeit geben wollte, einmal Luft zu holen oder zu applaudieren. Und Tante Fanny sah tatsächlich etwas überrascht aus.

»Als Nächstes: Chia-Samen, Brasilnüsse, Karotten und Rote Bete ...«

»Ach, Anne«, rief Tante Fanny: »Bloß keine Rote Bete. Nicht in einem Getränk.«

»Hanfsamen«, fuhr Anne unbeirrt fort, »Kürbiskerne, Walnüsse und ein Teelöffel resistente Kartoffelstärke.«

»Was wäre ein Mittagessen ohne resistente Kartoffelstärke«, murmelte Tante Fanny.

»Ja, nicht wahr? Es ist toll für die Verdauung. Es sättigt, die Verdauung funktioniert besser, und der Körper nimmt Nährstoffe besser auf. Verstehst du, Tante Fanny? Ich will doch nur das Beste für alle. Zum Mittagessen ein Glas davon ist einfach *sehr gut für dich*. Die entzückende Gwyneth Paltrow macht auch solche Smoothies!«

»Ich fand sie noch nie so toll«, gab Tante Fanny zu. »Sie wirkt irgendwie so angestrengt ...«

Anne schaltete den Mixer auf die höchste Stufe.

Noch vor elf Uhr war alles fertig und auch das Mittagessen eingepackt. Im hellen Sonnenschein fuhren sie über die Landstraßen, lärmten fröhlich mit ihren Fahrradklingeln, während Timmy munter neben ihnen herlief. Über die hohen Hecken am Straßenrand konnten sie die wunderschöne Landschaft erspähen. Die zwitschernden Vögel und das Muhen der Kühe hörte man gerade noch so über dem lauten Knurren ihrer Mägen. Nur wenige Autos überholten sie, und Annes Gedanken kreisten darum, dass dieser Urlaub vielleicht sogar die Chance bot, sich noch auf eine andere Art zu reinigen: vom Diktat der Technologie, von E-Mails und Telefonanrufen. Von dem ganzen Stress, der zum modernen Leben gehörte!

Als sie eine Hügelspitze erreichte, blickte sie in den blauen Himmel, der mit weißen Wölkchen wie betupft schien, und atmete tief die frische Luft ein. »Ist das nicht *herrlich*?«, rief Anne über ihre Schulter.

Da sie keine Antwort erhielt, bremste sie und drehte sich um. Zu ihrer Überraschung waren die anderen drei weit hinter ihr zurückgeblieben und hatten den Hügel gerade mal zur Hälfte geschafft. Ihre Gesichter waren grau und vor Anstrengung verzerrt, und Dick und Julian kamen nur schwer voran. George war sogar abgestiegen und schob ihr Fahrrad; die beiden Jungs rangen schwer atmend nach Luft.

»Kommt schon, Leute!«, rief Anne fröhlich. Keiner der anderen schaute sie auch nur an.

Es dauerte erstaunlich lange, bis alle die Hügelspitze erreicht hatten. Als sie endlich angekommen waren, hatte sich der Himmel etwas bewölkt. Trotzdem war der Ausblick, der sich ihnen bot, grandios.

»Nicht so schön wie Kirrin Island, aber trotzdem atemberaubend, oder was meint ihr?«, fragte Anne. Die anderen konnten ihr nicht antworten, da sie immer noch nach Luft rangen. Daher studierte Anne einfach schon mal die Landkarte, während die anderen wieder zu Atem kamen. »Ihr seid einfach nicht in Form«, sagte sie tadelnd und fügte hinzu, »Na, wenigstens ist die kommende Strecke einfacher.« Dann stieß sie sich ab und fuhr ungebremst den Hügel hinunter.

In Anbetracht der Haltung und Kondition ihrer Mitstreiter entschied Anne sich, das Mittagessen vorzuziehen. Danach, da war sie sich ganz sicher, würden die anderen sich wieder erholt haben und wären bereit weiterzufahren. Dann würde ihr Ausflug auch mit der gewohnten Energie und Freude fortgesetzt, die sonst ihre gemeinsame Zeit so prägte.

Sie hielt an einem sonnigen Plätzchen am Hang, von wo aus man eine schöne Sicht über den Hafen hatte. Die anderen ließen sich neben ihr ins Gras plumpsen, während Anne die Picknickdecke ausbreitete und das Mittagessen aus ihren Satteltaschen packte.

»Also, ich habe ein paar richtig aufregende Köstlichkeiten für euch in petto«, sagte sie. »Ich hoffe, ihr habt Hunger.« Als ihr die Worte über die Lippen kamen, wünschte sie, sie hätte sie nie gesagt. Denn auch wenn sie gerade über den Picknickkorb gebeugt war, konnte sie regelrecht spüren, wie sich die eiskalten Blicke der anderen in ihren Rücken bohrten, und trotz des sehr warmen Wetters bekam sie davon eine Gänsehaut.

Zuerst gab sie Timmy etwas Trockenfutter in seine Futterschüssel. Aber obwohl sie ihm diese direkt vor die Nase setzte, würdigte er sie keines Blickes. Stattdessen schlug er sich mit seinen letzten

Kraftreserven in die Büsche, um vielleicht selbst noch etwas zu fangen, was einen Puls hatte und schmeckte. »Guter alter Timmy«, murmelte sie mit einem kleinen Lachen.

Dann holte sie den großen Behälter mit dem eigens für das Mittagessen zubereiteten Smoothie hervor. Sie schenkte vier Plastikbecher ein und reichte sie in die Runde. George nahm ihren höflich an, Dick wirkte etwas ängstlich, und Julian verbreitete die Aura stoischer Gleichgültigkeit.

»Leute, das ist einfach wahnsinnig gut für euch«, sagte Anne. »Nicht nur einfach so. Es unterstützt euer Immunsystem, hilft euren Nieren und eurer Leber, gibt lang anhalt…, Julian? Wo ist deiner hin?«

»Schon getrunken!«, erwiderte Julian. Seit er sich hingesetzt hatte, war sein Blick auf einen Punkt in der Ferne gerichtet. Er leckte sich nicht die Lippen, wischte sich den Mund oder schluckte; er tat nichts von den Dingen, die man normalerweise tut, wenn man gerade etwas getrunken hat. Seine Haltung hatte sich rein gar nicht verändert, seit sie ihm den Becher gereicht hatte. Nur dass der Becher jetzt leer war.

»Tatsächlich?«, fragte sie.

»Ja«, antwortete er einfach nur.

Noch nie hatte Anne Anlass zu der Annahme gehabt, dass Julian sie anlog. Das lag eigentlich außerhalb ihres Vorstellungsvermögens. Doch jetzt war sie auf eine ruhige, objektive Art und Weise sicher, dass Julian dieses Getränk nicht getrunken hatte. Beweisen konnte sie es ihm allerdings nicht, und es würde auch nichts bringen, es zu versuchen.

Sie wandte sich wieder den anderen zu und fuhr fort, die Vorteile ihres Smoothies zu erläutern sowie die Gründe für die Wahl jeder einzelnen Zutat. Sie erwähnte den hohen Omega-3-Gehalt der Chia-Samen, und Dick nickte zustimmend. Sie sprach über den hohen Zinkanteil in Kürbiskernen, und George lächelte. Beide schienen beeindruckt zu sein, als sie ihnen erzählte, dass in Hanfsamen alle zwanzig Aminosäuren vertreten wären.

Dick entschied, das Getränk als Erster zu probieren.

Er hielt den Becher vorsichtig vor sich, ganz so, als sei er ein Wissenschaftler und in dem Becher befände sich das Resultat eines gefährlichen Experiments.

»Ach, Dick, du stellst dich immer so an. Schluck es einfach runter! Ich weiß, die Farbe sieht etwas seltsam aus, aber es schmeckt gut, ich versprech's.«

Das Getränk sah tatsächlich unappetitlich aus. Die Konsistenz war dickflüssig, und die Farbe erinnerte an Orangensaft mit Pferdemist vermischt. Als die Mixtur seine Lippen berührte, schloss Dick die Augen und wimmerte. Er nahm einen Schluck und seine Augen traten hervor. Entschlossen schlug er eine Hand vor den Mund und ertrug die inneren Explosionen. Als er endlich den Brechreiz im Griff hatte, nahm er seine Hand vom Mund, atmete verzweifelt aus und wischte sich eine Träne aus dem Augenwinkel.

Anne trank aus ihrem Becher. Sie fühlte sich sofort lebendiger und konnte geradezu spüren, wie ihr Gewicht mit jedem Schluck dahinschmolz.

George und Julian genossen die Szene. Zum ersten Mal seit Langem dachten sie nicht an ihren eigenen Hunger und ihr Unbehagen.

Dick warf seiner Schwester einen finsteren Blick zu und beschloss, es ein für alle Mal hinter sich zu bringen. Er hielt sich mit zwei Fingern die Nase zu und schluckte das Getränk mit einem Zug herunter, dabei würgte er etwas unangenehm, die Augen fest geschlossen, bis alles unten war. Dann legte er schwer atmend den Becher zur Seite und wischte sich den Mund ab.

George und Julian applaudierten lautstark. So viel Spaß hatten sie schon seit Wochen nicht mehr gehabt.

Währenddessen nippte Anne an ihrem eigenen Becher (man fühlte sich wirklich lebendiger dabei – sie konnte förmlich spüren, wie ihr Gewicht nur so dahinschmolz –, egal was die anderen dachten) und sah auf die See hinaus. Sie entspannte sich und genoss die Meeresluft, die sie umwehte.

KAPITEL 13

Die Ereignisse spitzen sich zu

»Jetzt«, sagte Anne, ihr Verdacht war vergessen, und sie war wieder bester Laune, »gibt's das Hauptgericht.«

Zum Erstaunen der anderen holte sie ihren Spiralschneider aus dem Korb und legte ihn zusammen mit einer Auswahl an Gemüse auf die Picknickdecke. Die anderen konnten sich nicht beherrschen und stöhnten laut auf.

Schockiert starrte Anne nach dieser offenen Rebellion in die Runde. Dick und Julian schienen sich ein bisschen für ihre spontane Reaktion beim Anblick der gefürchteten Maschine zu schämen.

George jedoch amüsierte sich immer noch.

»Oh, hört ihr das?«, rief sie heiter, »bellt da nicht Timmy? Ich geh mal besser los und seh' nach ihm.« Timmy hatte noch nicht mal den kleinsten Pieps von sich hören lassen, aber nichtsdestotrotz sprang George auf und verschwand im Gebüsch.

»Liebe Anne, tut mir echt leid«, sagte Julian. »Ich wollte nicht so undankbar klingen. Aber es kommt mir inzwischen so vor, als hätte ich seit Jahren keine richtige Mahlzeit mehr gegessen. Ich fühle mich überhaupt nicht besser, sondern leer und hungrig. Und ich ertrage definitiv keine weitere Portion frisches Gemüse, noch dazu zugekleistert mit irgendeinem klebrigen Zeugs.«

»Das Rezept ist köstlich!«, versicherte Anne. »Zucchini-Nudeln und Dicke-Bohnen-Salat mit Soja-Dressing. Nahrhaft und füllend!«

Sie sah Dick an, der nach wie vor durch den Verzehr des garstig-schleimigen Smoothies schwer angeschlagen war.

»Also ich weiß nicht, Anne«, sagte er schwach. »Ich weiß nicht ...«

»Was weißt du denn nicht? Fühlst du dich nach dem Smoothie nicht besser?«

»Ja, schon«, gab er zu. »Irgendwie schon. Aber bei der ganzen Sache habe ich immerzu das Gefühl, dass ich nicht wirklich *lebendig* bin.«

»Du bist nicht lebendig?«

»Nicht wirklich«, sagte Dick. »Ich mache alles, was Lebende so tun, aber nichts, was ich wirklich mag.«

»Um ehrlich zu sein, seit wir diese Diät durchziehen, fühle ich mich einfach nur grau«, murmelte auch Julian. »Als sähe ich mich selbst auf einem Bildschirm, nicht in echt.«

Anne starrte die beiden an. Tief drinnen wusste sie, dass der Zorn, der in ihr aufstieg, auch daher rührte, dass sie tief in ihrem Inneren dieselben Gefühle und Gedanken hegte. Trotzdem hatte sie diese Diät immer wieder vorangetrieben, hatte derlei Gefühle und Gedanken unterdrückt und weggeschoben. Warum konnten die anderen das nicht auch tun?

»Wir können jetzt *nicht* aufhören«, sagte sie schließlich. »Wir haben doch gerade erst angefangen! Wo bleibt denn unser Teamgeist, wenn es um Herausforderungen geht?«

»Wo ist unser Teamgeist geblieben«, korrigierte Julian ruhig.

»Wie auch immer«, entgegnete Anne, »die ersten Wochen sind bekanntermaßen am härtesten. Danach flutscht es.«

Die Jungs sahen beide aus, als hätten sie eine Standpauke hinter sich, und konnten ihr nicht in die Augen blicken.

Anne erhob sich und stemmte die Hände in die Hüften. »Okay«, sagte sie. »Ich frage mal George. Wenn sie so denkt wie ihr, dann hören wir mit der Diät auf und ernähren uns wieder so schlecht wie vorher.«

Den Jungs war es unangenehm, dass sie ihre Schwester zu dieser verzweifelten Maßnahme getrieben hatten. Sie nickten unglücklich, als Anne sich ebenfalls den Hügel hoch in die Büsche schlug, um nach George und Timmy zu suchen.

Normalerweise hätte Anne laut nach ihnen gerufen. Aber sie fühlte sich verletzt und verwirrt. Während ihrer Suche debattierte sie mit sich selbst, ob es vielleicht falsch gewesen war, den anderen diese Ernährungsumstellung aufzudrängen. Aber sie hatte ja nur ihr Bestes gewollt. Und das war zweifellos gesund. Aber wenn ihre Brüder sich mit dieser Ernährung grau und innerlich tot fühlten, war etwas nicht in Ordnung. Denn eigentlich sollten diese ganzen Übungen in Achtsamkeit ja genau den entgegengesetzten Effekt haben ... Es war alles so verwirrend!

Anne lief weiter und murmelte wie von Sinnen vor sich hin. Sie schreckte erst aus ihren Gedanken auf, als sie sich durch eine Lücke im Gebüsch kämpfte und etwas Furchtbares entdeckte.

Sie schlug ihre Hände vor den Mund und schrie.

Die Jungs brauchten nur Sekunden, dann preschten sie auf alles vorbereitet auf die Lichtung. Sie waren regelrecht enttäuscht, als sie nur Anne und George auf dem Boden sitzend vorfanden und Timmy, der an einer Distel schnüffelte. Außer Atem stützten sie sich gegenseitig an den Schultern ab und fragten, was los sei.

Anne zeigte nur auf George, die sich immer noch Krümel von der Hose wischte. Ihr Gesicht war puterrot vor Scham.

»Wir dachten, du wirst von Piraten oder Spionen gekidnappt«, sagte Julian trocken.

»Oder von Dieben«, setzte Dick hinzu. »Oder von entlaufenen Psychopathen oder Axt-Mördern. Was ist passiert?«

Anne zeigte wortlos weiter auf George.

»George, sei doch so nett und klär uns auf! Anne braucht wohl noch, bis sie die Sprache wiedergefunden hat«, bat Julian.

»Na gut«, sagte George und stand auf, während Timmy aufgeregt um sie herum sprang. »Sie hat mich beim Essen verbotener Dinge erwischt. Es war … Schmuggelware.«

»*George!*« Dick war verblüfft. »Soll das heißen, du hast vorsätzlich Essen *geschmuggelt*?«

»Schmuggler!«, rief Julian dazwischen. »Die wollte ich auch gerade erwähnen, die hätten dich auch kidnappen können. Piraten, Spione oder *Schmuggler*. Wie konnte ich die nur vergessen?«

»Mensch George, damit bist du keinen Deut besser als das Gesindel, dem wir früher ihr dreckiges Handwerk gelegt haben!«

»Ach, *kommt* schon«, murmelte George trotzig. »Ich hab doch nur ein verdammtes Stück Kuchen in meinem Shirt versteckt. Nicht die Kronjuwelen an die Sowjets verscherbelt oder so was in der Art.«

Auf dem Boden neben ihr blickte Anne trostlos vor sich. George konnte es nicht ertragen, sie so zu sehen.

»Liebe Anne«, sagte sie und legte ihr den Arm um die Schulter. »Ich habe unsere gesunde Ernährung doch *fast* die ganze Zeit durchgehalten. Zwei Wochen lang habe ich Käsebrote noch nicht mal angesehen. Es ist nur so: Wenn ich drei gesunde Mahlzeiten hinter mir habe, dann sagt mir mein Hirn, dass ich jetzt endlich *richtiges* Essen verdient habe. Verstehst du? Uns geht's doch allen so, oder? Wir haben alle klammheimlich Ungesundes reingeschoben, weil wir dachten, wir haben es uns redlich verdient!«

Julian und Dick konnten ihr nicht in die Augen schauen. Und als sie zu Anne hinübersah, musste selbst die eingestehen, nicht immer konsequent geblieben zu sein.

»Ich hab' eine kleine Packung Erdnusskäseflocken verspachtelt«, gab Anne schließlich zu. »Stolz bin ich nicht auf mich. Ich habe mich dabei gefühlt, als würde ich sündigen. Und dann schmecken die noch nicht mal nach echtem Käse!« Anne vergrub das Gesicht in den Händen und schluchzte los. Die anderen hatten nicht das Gefühl, dass Erdnusskäseflocken es wert waren zu heulen. Gemeinsam stapften sie Richtung Picknickplatz zurück.

»Kopf hoch, Mädel«, versuchte Julian seine Schwester dann aufzumuntern. »Wenn wir ernsthaft wegen so blödem Knabberzeugs weinen, schaffen wir's auch nicht gescheit durchs Leben, stimmt's?«

»Wenn ich drei gesunde Mahlzeiten hinter mir habe, dann sagt mir mein Hirn, dass ich jetzt endlich richtiges Essen verdient habe. Verstehst du?«

»Stimmt, ja! Danke, Julian«, sagte Anne. »Aber George, du hast auch noch Timmy verführt.«

»Er ist doch schon alt«, meinte George, »und er ist nun mal *mein* alter Hund. Warum soll er sich auf seine alten Tage einer Diät für Menschen unterziehen? Deshalb habe ich ihm ein paar Würstchen rausgeschmuggelt.«

»Wuff!«, bellte Timmy begeistert. Das Wort »Würstchen« klang wie Musik in seinen Ohren.

»Ach, aber ich hab doch gar nicht versucht, *ihm* unsere Diät aufzudrücken«, versuchte Anne zu erklären. »Ich hab doch nur versucht, ihn auf eine normale Ernährung für Hunde umzustellen und dich davon abzuhalten, ihn ständig mit Würstchen zu füttern.«

»Wuff!«, bellte Timmy wieder.

»Die sind nämlich nicht gut für Hunde«, fuhr Anne fort. »Sein Magen verdaut die nicht ordentlich. Und dann pupst er fürchterlich.«

»Ah!« George nickte nun verständnisvoll, während Timmy ihr Gesicht ableckte. Und genau in diesem Augenblick durchzog ein unerfreulicher Geruch die Luft, und George sah ein, dass Anne zumindest in diesem Punkt wohl recht hatte.

KAPITEL 14

Die Rückfahrt wird unterbrochen

Julian, George und Dick plagte das schlechte Gewissen, und als sie wieder zu ihrem Picknickplatz kamen, aßen sie deshalb die Zucchini-Nudeln und den Dicke-Bohnen-Salat unter lautstarkem Lob. Dann halfen sie Anne, alles zusammenzuräumen, konsultierten gemeinsam Julians Landkarte und schwangen sich schließlich wieder auf ihre Räder. Timmy lief fröhlich hinter ihnen her. Seit ihrer Aussprache fühlten sie sich einander wieder näher, wie eine Einheit. So hatten sie sich seit Monaten nicht mehr gefühlt.

Tatsächlich wussten sie aber alle, dass ihre neue Ernährungsweise einen ordentlichen Kinnhaken hatte einstecken müssen – und die Wahrscheinlichkeit, sich davon zu erholen, war gering. Insgeheim fragte sich jeder, wie lange sie noch so weitermachen konnten. Julian, Dick und George wussten nur zu gut, dass alles auf Annes Sturheit ankam. Diese Charaktereigenschaft Annes war nämlich äußerst beständig, sie hielt wirklich unbeugsam durch.

Während sie kilometerweit über sonnige Straßen und Wege radelten, schwirrten ihre Gedanken rund um das Thema, doch sie hegten keinerlei Hoffnung, dass Anne aufgeben würde. Gleichzeitig kämpfte Anne mit einer Erkenntnis, die ihr viel schwerer fiel: Sie hatte der Gruppe etwas vorgeschlagen, das diese nach eingehender Prüfung als ungenügend eingestuft hatte. Das war in all ihren vorherigen Abenteuern noch nie vorgekommen; Anne hatte noch nie so versagt – es war alles ihre Schuld. Vielleicht, dachte Anne erschrocken, war es das, was Erwachsensein bedeutete: sich daran zu gewöhnen, dass nicht immer alles so lief, wie man es sich wünschte. Mit diesen und anderen ernüchternden Gedanken strampelten die Freunde schweigsam durch die Nachmittagshitze.

Sie waren alle so tief in Gedanken versunken, dass es eine ganze Weile dauerte, bis sie bemerkten, dass sie bereits seit einigen Kilometern auf einer Strecke fuhren, die so nicht auf ihrer Landkarte verzeichnet war. Dabei war Verfahren eigentlich überhaupt nicht ihr Ding! Nachdem sie die Karte nochmals konsultiert hatten, beschlossen sie, dass der Fehler ganz eindeutig nicht bei ihnen lag. Ganz klar: Die Landkarte war fehlerhaft!

Wieder inspizierten sie die Karte, verwarfen sie dann und radelten einfach stur weiter, bis sie sich das Unmögliche eingestehen mussten: Sie hatten sich wirklich und wahrhaftig verfahren.

»Google Maps funktioniert hier draußen nicht«, sagte Dick und steckte sein Handy wieder ein.

Ein Motorengeräusch näherte sich ihnen von hinten. Dann tauchte ein Transporter auf, den sie anhielten.

»Hallo«, grüßte Dick munter. »Es tut mir wirklich schrecklich leid, aber w…«

»IHR seid's!«, brüllte der Fahrer unvermittelt. »Damit hätt' ich im Leben nich' gerechnet!«

»Ach, Anne, es tut mir echt leid«, sagte Julian. »Ich wollte
nicht undankbar klingen. Aber es kommt mir inzwischen so
vor, als hätte ich seit Jahren keine richtige Mahlzeit mehr
gegessen.«

Alle vier zuckten zusammen.

»Wirklich?«, murmelte Dick neugierig.

»Was meinen Sie damit, wir sind's?«, fragte George forsch. »Sind was?«

Der Fahrer erwies sich als stämmiger, fröhlich aussehender Mann in den Vierzigern. Er schien der Besitzer des Lieferwagens zu sein und war aus irgendeinem Grund völlig aus dem Häuschen, den fünf Freunden über den Weg gelaufen zu sein.

»Oh, das glauben die mir nie!«, kicherte er vor sich hin. »Genießt ihr das schöne Wetter, ja? Und macht ihr 'ne schöne Radtour?«

Sie bejahten freundlich, gaben aber gleich zu, dass sie sich verfahren hatten.

»Hey«, sagte der Mann. »Ich bring euch gern zurück in die Zivilisation! Is ja klar! Aber ihr könnt mir 'nen kleinen Gefallen tun.«

»Na klar«, sagte George. »Machen wir doch gern.«

»Dann packt die Fahrräder mal auf die Ladefläche, wir fahren zur Schule meiner Kinder«, erklärte der Mann. »Heute is' nämlich ihre jährliche Preisverleihungszeremonie.«

Das hörte sich nach einer fairen Abmachung an, und so luden sie ihre Fahrräder auf. Jeder fand einen bequemen Sitzplatz, und schon kurz darauf polterte der Wagen ächzend und knarrend über die Hügel. Julian und Dick gefiel diese Lösung sehr gut, denn ihren Hunger hatten die Zucchini-Nudeln nicht wirklich gestillt, und weitere zehn bis fünfzehn Kilometer Heimweg wären keine so angenehme Aussicht gewesen. Da half auch die Schönheit der Landschaft nicht. Während der Lieferwagen dahinrumpelte, versuchte George sich einen Reim darauf zu machen, warum sie zur Preisverleihung einer Schule eingeladen werden sollten.

»Was genau an *uns* soll eigentlich so besonders sein?«, rief sie dem Fahrer über die Schulter zu.

»Machst du dich etwa über mich lustig?«, fragte der Fahrer irritiert.

»Warum fragt man uns das immer?«, sinnierte Dick. »Können die Leutchen das nicht mal lassen? Ich mach mich über nichts und niemanden lustig und hab auch nichts zu lachen.«

»Echt unfassbar – dass ich euch hier hab'!«, kicherte der Fahrer. »Ihr seid in hier in der Gegend doch berühmt, wisst ihr das denn nicht?«

»Vielleicht verwechseln Sie uns?«, warf Anne ein. Sicherlich gab es noch eine Gruppe von vier Freunden mit Hund hier in dieser Ecke von Dorset, wollte sie gerade vorschlagen, doch dann versagte ihre Vorstellungskraft. Vielleicht ähnelten sie auch einfach einer aufregend neuen Band, die gerade die Charts gestürmt und sich bei einer Tour durch Thomas Hardys Wessex verfahren hatten – obwohl sich sicherlich keine Popgruppe jemals so kleiden würde wie sie. Vielleicht freute sich der Mann ja tatsächlich darüber, sie kennenzulernen, aber sie konnte dafür partout keinen Grund erkennen.

Während sie mit viel zu hoher Geschwindigkeit um die Kurven brausten, konnte der Fahrer nicht aufhören zu kichern. »Unglaublich, dass ihr nich' wisst, wie bekannt ihr seid«, prustete er vor sich hin. »Einfach unglaublich!«

Als der Transporter plötzlich eine Bodenschwelle mit hoher Geschwindigkeit nahm und anschließend ruckartig abbremste, machten die Freunde zunächst unfreiwillig einen Satz und kamen dann unsanft wieder auf. Das Geräusch, mit dem die Seitentür des Transporters einen Moment später aufgeschoben wurde, klang wie rollender Donner. Rasch kletterten sie aus dem Lieferwagen und fanden sich vor einem alten viktorianischen Schulhaus wieder.

Timmy bellte glücklich und nahm kurzerhand die Verfolgung eines köstlichen Geruchs auf, der zu ihm herübergeweht war.

»Die werden Augen machen«, gluckste der Fahrer und stapfte immer noch kichernd in Richtung Schulsekretariat.

KAPITEL 15

Willkommene Ehrengäste

Julian, Dick, Anne und George streckten rasch ihre steifen Glieder in der Sonne. Dann kletterten sie wieder in den Wagen und hievten ihre Fahrräder hinaus. Normalerweise hätten sie sich nach einem sicheren Abstellplatz für die Räder umgeschaut (sie überlegten kurz, ob es in Schulen heutzutage überhaupt noch Fahrradschuppen gab), aber diese Schule lag fernab der nächsten Wohnsiedlung. Außerdem sahen ihre Räder ganz offensichtlich schon seit fünfunddreißig Jahren alt und verrostet aus. Die Vorstellung, dass sie jemand stehlen könnte, war mehr als abwegig – und so lehnten sie diese nur neben das Tor.

»Was meint er nur? Wieso sollen wir bekannt sein?«, fragte Dick. »Dafür gibt es keine Erklärung.«

»Er wiederholt sich auch öfter und formuliert komisch, aber ich beschwere mich jetzt nicht wirklich«, meinte Anne. »Immerhin war er so nett, uns in einer Notlage auszuhelfen.«

»Mensch, da sin' Sie aber baff, was?«, dröhnte die ihnen bekannte Stimme jetzt laut. »Da sind sie! Ich hab nich' geflunkert, so wahr ich hier steh!«

Ihr Fahrer tauchte zusammen mit einer sehr aufgeregten Dame mittleren Alters mit einem wahren Lockenkopf wieder auf. Durch ihre Brille musterte sie die vier Freunde immer wieder von oben bis unten. Sie wirkte eigentlich wie jemand, der Stress mehr als gewöhnt war, aber in diesem Moment war sie dennoch seltsam angespannt.

»Ihr seid Julian, George, Dick und Anne?«, fragte sie schließlich. Die Freunde nickten.

Da fiel ihr noch etwas ein. »Und ich glaube, Timmy ist mir schon auf dem Schulflur über den Weg gelaufen?«

»Wuff!«, stimmte Timmy ihr zu, der nach einer ersten Inspektion gerade wieder zu ihnen gestoßen war. Die Frau erschrak etwas.

»Ach ja, wie schön. Wirklich nett von euch, uns zu besuchen – und ihr kommt auch genau richtig. Ich bin Mrs. Pleasance, die Rektorin dieser multikonfessionellen Schule. Bitte folgt mir doch.« Sie drehte sich um und verschwand durch einen Seiteneingang im imposanten Hauptgebäude. Den Freunden war gar keine Zeit geblieben, ihrer Verwunderung Ausdruck zu verleihen, dass man sie (und sogar Timmy) kannte, noch hatten sie sich für den netten Empfang bedanken können. Sie versuchten Schritt zu halten, während sie der Rektorin an leeren Klassenräumen vorbei, die ihnen nach dem hellen Sonnenlicht dunkel vorkamen, hastig folgten.

»Eigentlich hatten wir einen Kinderbuchautor von hier gebucht, aber der ist nicht aufgetaucht.« Mrs. Pleasance' Erklärung klang fast genervt. »Man hatte mich vor ihm gewarnt. Es wird gemunkelt, dass er ein bisschen zu viel ...« Sie hielt an, drehte sich zu ihnen um und machte eine »Trinken«-Geste.

»Woher kennen Sie uns?«, fragte George noch, aber Mrs. Pleasance war bereits durch eine Tür in das grelle Sonnenlicht draußen getreten.

George hielt Timmy zurück, da sie sah, dass die Tür auf eine Rasenfläche hinausführte, die schnell abschüssig wurde. Sie ahnte, dass sich dort unten ein großer Sportplatz befinden würde – und da sie ja zu einer Preisverleihung da waren, wäre dort sicher eine ganze Menschenmenge versammelt und schaute nach oben. Sie schob sich langsam durch die Tür zu einer Gruppe Erwachsener hinüber, die alle nach vorn blickten. Die anderen folgten ihr etwas unsicher.

Die Lautsprecher, die in einiger Entfernung voneinander aufgestellt waren, hallten schrill, als die Mikrofonlautstärke getestet wurde.

»Nun«, schallte die Stimme der Rektorin kurz danach über das Gelände, »wir schätzen uns mehr als glücklich, in letzter Minute Besuch von ganz besonderen Gästen erhalten zu haben. Wir freuen uns wirklich sehr. Sie waren gerade in der Nähe, und als sie hörten, dass wir einen Gastredner brauchen, haben sie freundlicherweise zugesagt, heute an diesem besonderen Tag zu euch zu sprechen«, fuhr Mrs. Pleasance fort.

George, Julian, Dick und Anne versuchten sich durch die dicht gedrängte Menge der Lehrer in Richtung der Rektorin zu zwängen; trotz der ständigen Gefahr, zerquetscht zu werden, warfen sie sich fragende Blicke zu. Von was um Himmels willen redete die Frau denn da? Als Mrs. Pleasance damit begann, die fünf Freunde richtig vorzustellen, erreichten sie gerade mit Timmy im Schlepptau den Platz vor dem Podium.

»Also, Kinder, ihr alle kennt die Geschichten, die ich euch schon so oft erzählt habe; die Geschichten von vier heldenhaften

Jugendlichen, die dank ihrer Willensstärke und Entschlossenheit Schmuggler, Spione und Diebe dingfest gemacht haben! Die Geschichten über Julian, George, Dick, Anne und Timmy, den Hund? Genau diese fünf Freunde sind heute tatsächlich hier bei uns!«

In der Zwischenzeit hatten die Freunde eine gute Aussicht über den Hang und das Sportfeld vor ihnen, wo sich einige Hundert Kinder und deren Eltern versammelt hatten und nun erwartungsvoll zu ihnen hinaufblickten. Das war ganz offensichtlich ein wirklich besonderer Tag für die Schule. Man hatte sogar auf einem Teil des Sportplatzes ein großes Festzelt aufgestellt. Als das Publikum die fünf Freunde sah, brach es zu deren Verwunderung in Applaus aus. Sie mochten kaum glauben, dass das begeisterte Klatschen ihnen galt.

»Wir haben schon oft die Geschichten eurer Abenteuer erzählt«, erklärte die Rektorin. Die Freunde sahen sie verwirrt an. »Wir haben die Geschichten eurer Heldentaten vernommen und über die Jahre hinweg immer und immer wieder Kindern weitererzählt. Ihr seid echte Vorbilder für Abertausende von Kindern.«

»Ich bin mir sicher, dass alles übertrieben wurde«, sagte Dick.

»Was denn genau?«, hakte Mrs. Pleasance nach.

»Was auch immer Sie gehört haben«, antwortete Dick recht schwammig, da er selbst immer noch nicht so recht wusste, was er von all dem halten sollte.

»Und bescheiden sind sie auch noch«, gurrte Mrs. Pleasance zufrieden und zur großen Verlegenheit der Freunde.

»Heute haben wir endlich die Gelegenheit, euch persönlich zu befragen«, fuhr Mrs. Pleasance fort und wandte sich den Freunden

102

zu. »Welche Charaktereigenschaft ist *eurer Meinung* nach für junge Menschen wichtig, um stark, glücklich und gesund aufzuwachsen und dann auch noch, wie ihr, Heldentaten vollbringen zu können?«

Mit diesen Worten nahm sie das Mikrofon vom Ständer und hielt es Dick direkt unter die Nase. Dick hüstelte bescheiden; das Hüsteln hallte durch die Lautsprecher verstärkt über die Köpfe des Publikums hinweg.

Was Mrs. Pleasance nicht verstand, war, dass die ganze Art der Fragestellung gegen die inneren Werte der Freunde ging. Ihr Handeln hatten sie selbst noch nie als heldenhaft empfunden, sondern sie handelten allein danach, was sie selbst als richtig empfanden. Sie waren einfach nur sie selbst. Instinktiv erschreckte sie die Vorstellung, verehrt zu werden oder berühmt zu sein – wenn sie das denn waren. Kurz gesagt, diese Frage konnten sie nicht beantworten.

Erschwerend kam hinzu, dass Dick mit tiefgründigen Fragen wenig anfangen konnte und auch keine Zeit bekam, über eine Antwort nachzudenken. Er war ein Macher, kein Denker. Und vor so vielen Menschen hatte er auch noch nie gesprochen.

»Ähm«, stotterte er und sah flehend Julian an. Aber stattdessen ergriff Anne resolut das Mikrofon.

»Danke – vielen Dank für Ihre Frage«, antwortete sie ruhig. »Es ist uns eine ganz besondere Freude, heute hier in St. Gertrudes zu sein, und wenn ich das so sagen darf: Alle sehen heute absolut bezaubernd aus. Um Ihre Frage zu beantworten: Wir hatten ehrlich keine Ahnung, dass unsere kleinen Abenteuer so bekannt sind – wirklich keinen Schimmer. Und das Ganze ist uns – und vor allem Dick hier – etwas peinlich. Aber wenn Sie wissen wollen, welche Eigenschaft uns schon immer ausgezeichnet hat«, fuhr sie fort und drehte sich zu George und Julian um, die beide diese neue, wortgewandte Anne erstaunt anstarrten, »dann ist es unser Zusammenhalt. Wir halten immer zusammen, egal was passiert, wir können uns voll und ganz aufeinander verlassen. Wenn wir uns etwas vornehmen«, sprach sie weiter, »dann ziehen wir es durch. Und wir stemmen das *zusammen*. Uns kann nichts aufhalten. Weder Müdigkeit noch Hunger, noch die Versuchung aufzugeben. Denn Freundschaft ist stärker als *alles*. Oder etwa nicht?«

Sie beendete ihre Ansprache, indem sie ihren Arm ausstreckte und die anderen zur Zustimmung aufforderte. Obwohl sie müde und irritiert waren, fühlten sie sich doch zutiefst gerührt und konnten gar nicht anders, als von ganzem Herzen zuzustimmen. Sie hatte schließlich nur die Wahrheit gesagt – und plötzlich war ihre Freundschaft wieder gekittet. Sie war stärker als je zuvor. Hatte wieder einmal eine Herausforderung bestanden. Die drei begannen zu klatschen, und die Zuschauer stimmten ein.

»Wuff!«, bellte auch Timmy begeistert. »Wuff, wuff!«

»Welch wunderbar berührende Worte von Anne«, sagte Mrs. Pleasance, als Anne sich wieder zwischen Dick und Julian zwängte und sie herzlich umarmte. »Ich bin mir ganz sicher, dass unsere Ehrengäste nun auch mit Freude in der Jury des Backwettbewerbs im großen Festzelt dabei sein werden ...«

*»Bei der ganzen Sache habe ich immerzu das Gefühl, dass ich
nicht wirklich* lebendig *bin. Ich mache alles, was Lebende so
tun, aber nichts, was ich wirklich mag.«*

Zuerst hatten sie gehofft, sie hätten sich verhört. Aber mit dem eigenartigen Gefühl der Unausweichlichkeit ließen sich die fünf Freunde von der Menge den Abhang hinunterbegleiten und fanden sich schon bald im Festzelt wieder.

»Die Kinder haben das ganze Halbjahr über Backen geübt«, strahlte die Rektorin stolz und zeigte auf zwei große Tischplatten, die auf Böcken lagen. Sie erstreckten sich über die gesamte Länge des Zeltes – vielleicht zehn Meter – und darauf stapelten sich genug Backwaren, um damit eine gesamte Armee verpflegen zu können. Es gab festgelegte Kategorien: Kekse, Kuchen und Torten, Brot, Brötchen, Quiches, Pasteten und Obsttörtchen. Und alle Wettbewerbsbeiträge waren sorgfältig in mundgerechte Häppchen vorgeschnitten, damit die Jury-Mitglieder davon probieren konnten. Die Schule schien nicht nur viele Religionen aufzunehmen, sondern auch vielfach begabt zu sein: eine Talentschmiede für zukünftige Sterneköche, wo alles unglaublich lecker aussah.

Gerade erst über ihren Ruhm aufgeklärt und umringt von all den Köstlichkeiten, von denen sie seit Wochen träumten, standen die vier Freunde und Timmy wie vom Donner gerührt da. Annes Worte klangen noch in ihren Ohren. Hunger und widerstreitende Gefühle rangen um die Vorherrschaft. Dick schob gerade noch rechtzeitig einen Finger an die Unterlippe, um einen dünnen Speichelfaden aufzuhalten, der fast heruntergetropft wäre.

Sie waren vollkommen überfordert. Vor ihnen lagen vollendet geformte Käsestangen, Croissants, Pastetchen und Obsttörtchen. Julian nahm sich ein lecker aussehendes Stückchen und wollte gerade hineinbeißen, als jemand das Mikrofon vor Anne platzierte.

Sie dachte nicht nach. Sie schrie nur mit aller Kraft:

»Juuuuuuuuuuuuuuuuuuuuuuuules! Fallen lassen – sonst werden wir alle sterben!«

KAPITEL 16

Flott geht's auf die Heimreise

»Kommt schon, schneller!«, rief Anne und trat fest in die Pedale.

Julian überholte sie von rechts und übernahm die Führung. Vor einem halben Kilometer hatte er die Landkarte verloren, als er versucht hatte, bei vollem Tempo darauf zu schauen. Jetzt riskierte er den Verlust seines Smartphones, weil er während der Fahrt Google Maps öffnen wollte.

»Wie seltsam – was die alles über uns wussten!«, keuchte Dick, als er aufholte.

»Tja, die Geschichten, die sie jetzt über uns erzählen, werden wohl etwas anders ausfallen, nicht wahr, Anne?«, fragte George augenzwinkernd.

»Wuff!«, stimmte Timmy ihr bedauernd zu.

»Wir wollten nie wieder darüber sprechen«, sagte Anne.

»Jetzt, wo sie uns für durchgeknallt halten – oder noch besser: für Amokläufer?«, setzte George nach.

»Ich sag nichts mehr!«, quiekte Anne und trat noch fester in die Pedale.

»Schade, dass wir Onkel Quentins Erdnussauto nicht da haben«, bemerkte Julian, nur um das Thema zu wechseln.

»Oh, heute Morgen hat er mir erzählt, dass er es loswerden will!«

George nahm dankbar den Faden auf. »Es ist nämlich unvorstellbar teuer, das Auto nur mit Erdnüssen zu betreiben.«

»Zum Glück hatten wir unsere Räder am Eingang deponiert«, meinte Dick, der schon wieder fröhlich strahlte und den Schreck hinter sich gelassen hatte.

»Wichtig bei Smoothies ist es, nicht zu viele Früchte zu verwenden. Früchte bestehen nämlich fast nur aus Zucker. Genauso gut könnte man auch Drogen einwerfen.«

»Ich kann nicht so genau erkennen, welche Abzweigung wir nehmen müssen ...«, rief Julian. Sein Fahrrad schwankte bedenklich, als er dabei auf sein Handy starrte.

»Wir haben's geschafft«, informierte George sie munter. »Ab hier kenn' ich mich aus, die Straßen erkenne ich wieder. Immer geradeaus, Leute!«

Durch die Aufregung und das Adrenalin, das ihre plötzliche Flucht freigesetzt hatte, hatten sie eine Zeit lang tatsächlich ihren Hunger vergessen. Nach ihrem kleinen Ausrutscher bei der Schulzeremonie hatte Anne die anderen energisch vorangetrieben. Sie fürchtete, ihren Patzer, der etliche Gäste aufgeschreckt hatte, die daraufhin panisch in alle Richtungen auseinandergestoben waren, nicht aus der Welt räumen zu können. Flucht schien die beste Option!

»Die wussten doch sicher, was ich *wirklich* gemeint habe«, wiederholte Anne zum siebten Mal. »Oder sie kommen noch darauf. Man muss ja nicht alles immer so wörtlich nehmen, oder?«

»Nein, muss man nicht«, bestätigte Julian, ließ seinen Lenker los und richtete sich in seinem Sattel auf. Sie hatten gerade einen Hügel überwunden und sausten nun den Abhang hinunter. »Aber ich denke, es war eine gute Idee, das Fest zügig zu verlassen.«

Bergab mussten sie das erste Mal seit drei Kilometern nicht mehr in die Pedale treten. Und so langsam fühlten sie sich wieder sicher vor dem Lynchmob, der ihnen vermutlich auf den Fersen war und sie töten wollte – oder noch schlimmer, der von ihnen eine Erklärung erwartete. Aber diese Gefahr schien nun endgültig gebannt.

»Zum Glück ist niemand von uns auf Twitter«, schmunzelte George. »Anne, komm, verrat mir doch mal, wie du unsere Ernährungsweise jetzt findest?«

»Alles in allem«, stieg Anne nachdenklich auf Georges Necken ein, »denke ich, hat sie uns nähergebracht. Das war unser erstes richtiges Abenteuer seit Jahren.«

»Das stimmt«, gab George zu.

Sie dachte an Gwyneth Paltrow, die so aufgeräumt, glücklich und rein wirkte.

Dick und Julian fuhren in Schlangenlinien vor ihnen her und hüllten sich in Schweigen. Sie waren derselben Meinung, aber Anne sollte ruhig noch ein wenig darüber nachdenken.

Und das tat sie auch, während sie die Sonne über der westlichen Brombeerhecke untergehen sah. Sie dachte an diese nette Gwyneth Paltrow. Ihr Leben schien so wundervoll, so aufgeräumt, glücklich und rein. Währenddessen beobachtete sie achtsam ihre eigenen Gedanken.

Anne dachte darüber nach, welche Erfahrungen sie unter den strengen Diätvorgaben gesammelt hatten und wie es wäre, wenn sie sich ihr ganzes Leben daran hielten. Sie betrachtete ihre lieben Freunde, mit denen zusammen sie in den vergangenen Jahren so viel erlebt hatte. Vor ihnen lag eine Brücke, und so griff Anne ruhig und überlegt hinter sich in eine ihrer Satteltaschen und bekam den Spiralschneider auch direkt zu fassen.

»Ja, genau«, sagte sie, »Das ist doch alles ein Haufen ...«

Dick stockte vor Schreck beinahe der Atem. Er hatte Anne bisher noch nie auch nur ansatzweise fluchen hören. »Ein Haufen … *Powerballs*?«, schlug er rasch vor.

»Ich wollte sagen, das ist doch alles ein Haufen Dreck! Ist doch so!«, sagte Anne fröhlich und warf dabei den Spiralschneider mit Schwung über die Brücke in den Fluss. »Wer als Erster zu Hause ankommt ...!«, rief sie dann. Sich tief über den Lenker beugend, trat sie mit aller Kraft in die Pedale, bis sie weit in Führung lag.

Timmy liebte Wettrennen über alles und rannte mit den anderen wild bellend um die Wette. Er war sich sicher, dass er gewinnen würde!